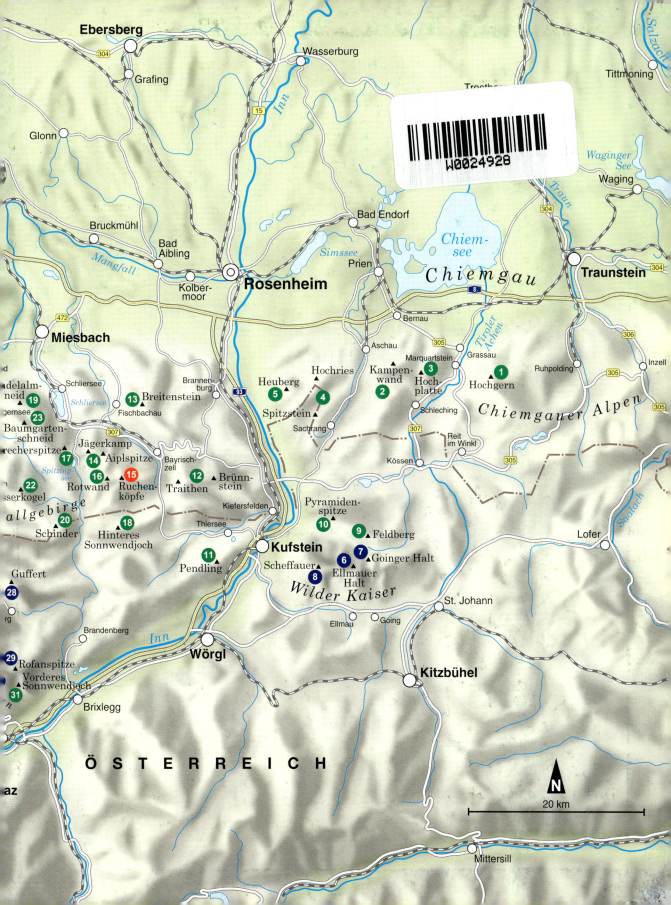

Michael Pause
Münchner Hausberge
Die klassischen Ziele

Die Deutsche Bibliothek –
CIP-Einheitsaufnahme

Ein Titelsatz für diese Publikation ist bei
Der Deutschen Bibliothek erhältlich

ABKÜRZUNGEN:

A, B, C	Varianten A, B, C
AP	Ausgangspunkt
AV	Alpenvereinskarte
BLVA	Karte des Bayerischen Landesvermessungsamts
DAV	Deutscher Alpenverein
EP	Endpunkt
FB	Freytag & Berndt-Wanderkarte
Ghs.	Gasthaus
ÖK	Österreichische Landeskarte
ÖAV	Österreichischer Alpenverein
TVN	Touristenverein Die Naturfreunde
ÜN	Übernachtung
UK	Umgebungskarte
DB	Deutsche Bahn
BOB	Bayerische Oberland-Bahn
ÖBB	Österreichische Bundesbahn
PB	Postbus (Österreich)

BLV Verlagsgesellschaft mbH
München Wien Zürich
80797 München

© BLV Verlagsgesellschaft mbH,
München 2002

Das Werk einschließlich aller seiner Teile ist
urheberrechtlich geschützt. Jede Verwertung
außerhalb der engen Grenzen des Urheberrechtsgesetzes ist ohne Zustimmung des Verlags unzulässig und strafbar. Das gilt insbesondere für
Vervielfältigungen, Übersetzungen, Mikroverfilmungen und die Einspeicherungen und Verarbeitung in elektronischen Systemen.

Layout: Atelier Langenfass, Ismaning
Lektorat: Maritta Kremmler

Herstellung: Peter Rudolph
Lithos: Repro Ludwig, Zell am See
Druck: Appl, Wemding
Bindung: Ludwig Auer, Donauwörth

Gedruckt auf 150 g/m² Multiart matt,
chlorfrei gebleicht, Papier Union GmbH

Printed in Germany · ISBN 3-405-16406-0

Bildnachweis
Harald Antes: S. 57
Jörg Bodenbender: S. 55, 63, 85, 99, 103, 135, 137, 141
Wenzel Fischer: S. 89
Siegfried Garnweidner: S. 61, 129, 133
Max Heldwein: S. 87, 91
Horst Heller: S. 83
Stefan Herbke: S. 6, 7, 17, 41, 45, 47 u., 93, 95, 109, 127
Peter Keill: S. 33, 43
Rainer Köfferlein: S. 23
Karl-Heinz Modlmeier: S. 53, 65, 67, 69, 71, 77, 79
Michael Pause: S. 9, 11, 13, 15, 19, 25, 27, 29, 31, 35, 39, 47, 49, 51, 59, 75, 81, 97, 101, 105, 107, 111, 113, 115, 119, 121, 139, 143
Klaus Puntschuh: S. 117
Bernd Ritschel: S. 6 o., 37, 131
Rollo Steffens: S. 125
Hans Steinbichler: S. 21
Franz Zengerle: S. 73, 123

Karten: Christian Rolle, Holzkirchen

Umschlaggestaltung/Illustration: Anna Sauer
Umschlagrückseite: Foto Sessner

Schriftliche und bildliche Darstellung dieses
Werkes erfolgten nach bestem Wissen und
Gewissen des Autors. Die Begehung der Touren
nach diesen Vorschlägen geschieht auf eigene
Gefahr. Eine Haftung wird nicht übernommen.

Michael Pause

Münchner Hausberge

Die klassischen Ziele

21., neu bearbeitete Auflage
(Neuausgabe)

Inhalt

1 **Der Hochgern überm Chiemsee** ❄ 8
Von Marquartstein über die Schnappenkirche

2 **Auf die Kampenwand** 10
und in den Klausgraben

3 **Die Chiemgauer Hochplatte** 12
Zehn Filzböden, ein See und drei Inseln – von oben

4 **Auf Hochries und Spitzstein** ❄ 14
Kaiserblick über Inn- und Priental

5 **Der Heuberg** ❄ 16
Gemütliche Aussichtskanzel über dem Inntal

6 **Die Ellmauer Halt** 18
Der höchste Kaiser-Gipfel: großartig, aber anstrengend

7 **Steinerne Rinne und Goinger Halt** 20
Unter Fleischbank und Predigtstuhl

8 **Über den Scheffauer** 22
Felsturnerei vor dem Auracher Löchl

9 **Stripsenkopf und Feldberg** 24
Zahme Wege vor dem Wilden Kaiser

10 **Pyramidenspitze und Vorderkaiserfelden** ❄ 26
Stille Wege vor dem Wilden Kaiser

11 **Der Pendling** ❄ 28
Einsamer Spaziergang über Inntal und Thiersee

12 **Brünnstein und Großer Traithen** 30
Gratwanderung zwischen Inntal und Bayrischzell

13 **Der Breitenstein** ❄ 32
Hoch überm Leitzachtal

14 **Jägerkamp und Aiplspitze** 34
Zwei stille Wege über Aurach und Leitzach

15 **Die Ruchenköpfe** 36
Münchner Klettergarten überm Soinsee

16 **Auf die Rotwand** ❄ 38
Klassischer Münchner Hausberg über dem Spitzingsee

17 **Die Brecherspitze** 40
Wahrzeichen über dem Schliersee

18 **Das Hintere Sonnwendjoch** 42
Aussichtskanzel zwischen Valepp und Landl

19 **Neureut und Gindelalmschneid** ❄ 44
Tiefblick in große Historie und in einen Maßkrug

20 **Schinder und Schinderkar** 46
Vom Forsthaus Valepp über die Trausnitzalm

21 **Auf den Schildenstein** 48
Durch die Wolfsschlucht zur Königsalm

22 **Risserkogel und Blankenstein** 50
Ungleiches Paar über der langen Au

23 **Riederstein und Baumgartenschneid** ❄ 52
Auf den Spuren von Ludwig Thoma

24 **Der Hirschberg** ❄ 54
Über die Hirschlache hinauf – durchs Gründ hinunter

25 **Roß- und Buchstein** 56
Felsenzirkus hinterm Sonnberg

26 **Das Seekarkreuz** ❄ 58
Grasgipfel über dem Isarwinkel

27 **Hinauf zum Fockenstein** 60
Zwischen Isar und Tegernsee

28 **Der Guffert** 62
Beherrscher der Münchner Vorberge

29 **Ampmoosboden und Rofanspitze** 64
Von Steinberg über die Schmalzklause ins Rofan

30 **Steinernes Tor und Kotalmjoch** 66
Paradiese im Rofangebirge

31 **Sagzahn und Vorderes Sonnwendjoch** 68
Hohe Warte über Inntal und Zillertal

32 **Hochiß und Rotes Klamml** 70
Über Achensee und Inntal

33 **Pasillalmen und Seebergspitze** 72
Im hintersten Karwendel, ganz nah am Achensee

34 **Juifen und Demeljoch** 74
Im Waldgebirge zwischen Dürrachtal und Achenpass

35 **Die Östliche Karwendelspitze** 76
Karwendeltal – Hochalmsattel – Kleiner Ahornboden – Johannestal

36 **Mittenwalder Höhenweg** 78
Drahtseilakte über der jungen Isar

37 **Auf den Wörner** 80
Über acht Karwendelkaren – zwischen Larchetalm und Hochlandhütte

38 **Soiernspitze und Schöttelkarspitze** 82
Die romantische Umrahmung des Soiernkessels

39 **Über die Ödkarspitzen** 84
Auf den Hauptkamm des Karwendelgebirges

40 **Auf die Lamsenspitze** 86
Eckpfeiler über Eng, Falzthurntal, Stallental und Vomper Loch

41 **Die Speckkarspitze überm Halleranger** 88
Hinterautal – Überschalljoch – Vomper Loch

42 Erlspitze und Großer Solstein 90	**56** Schachen und Oberreintal 118	

42 Erlspitze und Großer Solstein 90
Eppzirler Alm – Erlsattel – Kristental – Gleirschtal

43 Reither Spitze 92
und Eppzirler Alm
Stille Kanzel vor großer Ostalpenszene

44 Hohljoch und Gamsjoch 94
Unter der Karwendelmauer

45 Das Sonnjoch 96
über dem Falzthurntal
Über Achensee
und Großem Ahornboden

46 Der Schafreuter 98
Hoch über Fall, Vorder- und Hinterriß

47 Blomberg und Zwiesel ❄ 100
Schön staad auf dreierlei Wegen

48 Das Brauneck 102
Sonntagsfreuden zwischen Jachenau
und Längental

49 Die Benediktenwand 104
Große Landschaft zwischen
Loisach und Isar

50 Auf den Jochberg ❄ 106
und zum Walchensee

51 Herzogstand 108
und Heimgarten
Münchner Familienberge –
spannungsvoll verbunden

52 Der Krottenkopf 110
im Estergebirge
Zwischen Loisach und Isar

53 Die Zugspitze – 112
prominenter Hausberg
Das Höllental hinauf,
das Reintal hinunter

54 Alpspitze und Mathaisenkar 114
Klettersteige und ein Riesenabstieg

55 Vom Höllental 116
über die Riffelscharte
und zum Eibsee hinunter

56 Schachen und Oberreintal 118
Unter den Dreitorspitzen:
Königshaus und Alpengarten

57 Auf den Kramer 120
Ein stiller Tag über dem Werdenfels

58 Auf die Große Arnspitze 122
Kalkzapfen zwischen Karwendel
und Wetterstein

59 Die Hohe Munde 124
2000 Meter über der Innfurche

60 Über das Tajatörl 126
zur Coburger Hütte
und zum Seebensee

61 Der kühne Daniel 128
Viel bewundert – immer vergessen

62 Laber und Ettaler Manndl 130
Wandern bergab nach Oberammergau

63 Die Notkarspitze über Ettal 132
Stille Insel zwischen Loisach
und Ammer

64 Die Ammergauer Hochplatte 134
Wankerfleck – Beinlandl – Schlössl –
Wilder Freithof – Gamsangerl

65 Die Klammspitze 136
über Linderhof
Ammergauer Höhensteig
im Naturschutzgebiet

66 Die Kreuzspitze 138
über dem Lindergrieß
Alpine Oase hinterm Graswangtal

67 Vom Wankerfleck 140
zum Geiselstein
Die Welt über dem Gumpenkar

68 Der Säuling 142
Hoch über Schloss Neuschwanstein

❄ als Winterwanderung geeignet

SCHWIERIGKEITEN:

Bergwanderung
Leichte bis mittelschwere Wanderungen, Länge nicht übermäßig, Ausrüstung leicht

Bergtour
Mittelschwere Anstiege und Wanderungen, Länge mittel, Ausrüstung normal

Klettertour
Alpine Erfahrung notwendig, Länge mittel bis erheblich, Ausrüstung speziell

KARTENLEGENDE:

- Einzelgebäude, Gehöfte
- Kirche, Kapelle
- Burg, Schloss
- Hütte, bewirtschaftet, mit Übernachtungsmöglichkeit
- Bewirtschaftung (Alm oder Restaurant)
- Alm, unbewirtschaftet
- Wasserfall
- Gehrichtung der Touren
- Bahnhof, Bahnanschluss
- Busverkehr
- Bushaltestelle
- Seilbahn
- Kabinenbahn
- Sesselbahn
- Zahnradbahn, Standseilbahn
- Parkplatz
- Kfz-Fahrverbot
- Staatsgrenze
- Route
- Variante
- Klettersteig

»Kleine Berge hören dann auf, wenn es am schönsten ist. Sie haben einen erzieherischen Wert: Weil sie den Idealismus fördern und den Heroismus nicht aufkommen lassen. Und gesünder sind sie auch!«
Hermann Magerer

»So hat der Pause seinen Kindern das Kraxeln beigebracht!«

Das hat vor einigen Jahren ein älterer Bergsteiger gesagt, nachdem er beobachtet hatte, wie ich meine beiden Kinder bei einer ihrer ersten Klettertouren am Westgrat der Ruchenköpfe nachsicherte. Er wusste nicht, wen er vor sich hatte. »Das sind seine Enkel!« erwiderte ich schmunzelnd, worauf sich ein nettes Gespräch über den »erzieherischen Wert« unserer Münchner Hausberge entwickelte.

»Da schau her!«, werden sich manche Münchner Bergfreunde denken, wenn sie dieses Buch zur Hand nehmen, und viele, die ein reiferes Alter erreicht haben, werden dann zweifelnd sagen: »Das kenn' ich doch!« Genau! Denn vor rund 35 Jahren sind die »Münchner Hausberge«, von meinem Vater Walter Pause zusammengestellt, zum ersten Mal erschienen. Nach der erstmals von mir überarbeiteten 15. Auflage im Jahre 1989 ist mit der vorliegenden Ausgabe die mittlerweile 21. Auflage fällig. »Sind denn irgendwo ein paar neue Berge gewachsen?«, wird der eine oder andere sarkastisch granteln, wohl wissend, dass die Bergwelt zwischen Chiemsee und Wildem Kaiser im Osten sowie Lech und Fernpass im Westen noch dieselbe ist. Nein, die Hausberge der Münchner haben sich nicht verändert – aber vielleicht die Münchner? Längst entdecken nämlich neue Generationen von Münchnern und Münchnerinnen die Berge der Väter und Mütter. Dabei handelt es sich oft genug um eine Wiederentdeckung, denn für »g'stand'ne« Münchner Bergsteiger und Bergsteigerinnen sind die Berge um Sudelfeld, Spitzing, Tegernsee, Isarwinkel und über dem Werdenfelser Land die Berge, in denen sie seit jeher ihren Nachwuchs mit dem Bergauf-Bergab vertraut machen. Ich kenne kein idealeres Revier, um die Lust am Bergsteigen zu wecken, um sich vom Alltag zu lösen, um Sorgen und Nöte für ein paar Stunden oder Tage hinter und unter sich zu lassen. Im Vergleich zu früher gibt es heute nicht nur mehr Münchner und Münchnerinnen, sondern die haben auch noch mehr Freizeit, mehr Geld und sie sind noch (auto-)mobiler. Dementsprechend sind in den Bergen zwischen Chiemgau und Allgäu auch mehr Menschen unterwegs. Wer allerdings von den »Massen im Gebirge« spricht oder schreibt, kann nicht die Wanderer und Bergsteiger meinen – oder er misst mit falschen Maßstäben. Und wer da jammert, weil er die Gipfelaussicht an einem schönen Herbstsonntag einmal mit fünfzig anderen Menschen teilen muss, dem seien die Hunderte von Gipfeln empfohlen, auf denen er sich der Exklusivität seines Erlebnisses sicher sein kann. Ich kenne keine ernst zu nehmenden Einwände gegen das genussvolle Bergwandern. Ganz im Gegenteil: Mich überzeugen immer wieder die vielen glücklichen Menschen, denen ich im Gebirge begegne.

Etwas verändert greift bei dieser Ausgabe die Titelgestaltung den originellen Entwurf der ersten Auflage wieder auf. Zahlreiche Fotos wurden durch bessere ersetzt. Die Tourenauswahl allerdings hat sich gegenüber dem Vorgängerband nicht verändert – wie auch? Also stelle ich Ihnen hier 68 Gipfel zwischen dem Hochgern über dem Chiemsee und dem Säuling über Neuschwanstein vor – weiter reicht das Revier der Münchner für einen sinnvollen Tagesausflug nicht. Alle gehören zu den Münchner Hausbergen, viele von ihnen sind »Klassiker«. In der Auswahl unterscheide ich nach Schwierigkeit und Charakter: Zu 38 einfachen Bergwanderungen kommen 27 Bergtouren und drei Klettertouren. Das Hauptgewicht liegt also auf den einfacheren Bergwanderungen, die etwas Ausdauer und Trittsicherheit erfordern. Die Bergtouren dagegen stellen höhere Ansprüche an Kondition, Trittsicherheit und alpine Erfahrung, da man hier häufig mehrere Stunden unterwegs ist und durchaus auch einmal längere Strecken in Felsgelände (mit Drahtseilen gesicherte Abschnitte und leichte Klettersteige) und auf Schneefeldern zurückzulegen hat. Die Klettertouren darf selbstverständlich nur angehen, wer über die entsprechende Erfahrung im Fels und die komplette Ausrüstung verfügt.

Da seit einigen Jahren immer mehr Bergwanderer den Spaß im Gebirg' auch im Winter suchen – und zwar ohne Ski –, finden Sie bei den geeigneten Touren einen entsprechenden Hinweis. Allerdings ist darauf zu achten, dass die Route im Winter von der vorgeschlagenen Sommertour abweichen kann (genauere Angaben finden Sie im Info-Kasten der jeweiligen Tour).

Bewertungen von Bergtouren sind grundsätzlich eine heikle Sache und mit Vorsicht zu genießen, denn in der Regel gelten sie für die jeweilige Tour bei idealen Verhältnissen. Jeder Bergsteiger aber weiß, wie schnell beispielsweise ein Wetterumschwung eine leichte Bergtour in ein ernstes, gefahrvolles Unternehmen verwandelt, wie ein einziger hartgefrorener Schneerest auf dem Weg zur Umkehr zwingen kann. Deshalb bitte ich alle Leser ausdrücklich: San's g'scheit! Denken Sie beim Aufbruch nie daran, welches Wetter am Marienplatz, sondern welches Wetter in 2000 oder 2500 Meter Höhe herrscht. Leichtsinn und Selbstüberschätzung stellen die größten Gefahren für den Bergwanderer dar! Und bedenken Sie, dass keine Bergtour am Gipfel endet.

Weil's wahr ist und die Arbeit an solch einem Buch anders gar nicht zu schaffen wäre, gestehe ich an dieser Stelle gerne, dass mir bei der Neubearbeitung des Buches einige Freunde geholfen haben: Obwohl ich in diesen Bergen aufgewachsen bin, kann ich nicht jeden Gipfel, jeden Anstieg und alle Veränderungen kennen. Mein wichtigster Helfer war dabei Stefan Herbke, dem ich herzlich danke. Dank schulde ich auch Christian Rolle, dem es gelungen ist, die Topographie der Münchner Hausberge auf ver-

ständliche Kartenskizzen zu übertragen.

Bei der Bearbeitung der Texte bin ich dem Grundsatz treu geblieben, an den ich mich auch schon 1989 gehalten hatte: Was immer an diesem Buch zu ändern ist, so sollen die amüsanten, mit Münchner Grant und Witz geschriebenen Texte meines Vaters erhalten bleiben. Korrekturen gab es in den Texten nur dort, wo sie wirklich erforderlich waren. Dieses Buch soll das Andenken an Walter Pause auf eine Art bewahren, an der er seine Freude gehabt hätte.

Michael Pause

Ob der idyllische Soilakessel am Laber (links oben) oder das Reintal auf dem Anstieg zur Zugspitze (rechts oben) – die Münchner Hausberge haben je nach Geschmack unschwierige bis anspruchsvolle Ziele zu bieten.

1 Der Hochgern überm Chiemsee
Von Marquartstein über die Schnappenkirche

BERGWANDERUNG
1748 m
Mit Kindern ab 12 Jahren
1 Tag

Talort: Marquartstein (545 m)

Charakter: Leichte Bergwanderung auf einen oft besuchten Aussichtsgipfel; der Gipfelanstieg ist bei nassem Boden unangenehm rutschig. Besonders schön im Herbst.

Gehzeit: Aufstieg 4 Std., Abstieg 2½ Std.

Hütten/Almen: Staudacheralm (1150 m, privat), Hochgernhaus (1461 m, privat, ÜN), Agergschwendalm (1040 m, privat)

Verlauf: Marquartstein – Schnappenkirche – Staudacheralm – Hochgern – Hochgernhaus – Agergschwendalm – Marquartstein

Winterwanderung: Der Südanstieg über die Agergschwendalm bis zum fast ganzjährig bewirtschafteten Hochgernhaus ist eine sonnige Winterwanderung und meistens gespurt.

Karte: BLVA UK L7, Chiemsee und Umgebung, 1:50000

Bahn & Bus: DB München – Übersee, Bus Übersee – Marquartstein

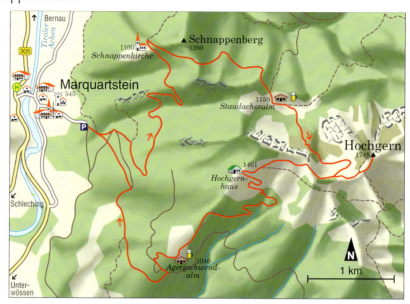

Die Autobahn in Richtung Salzburg hat die Münchner jahrelang dazu verleitet, am Hochgern (1748 m), dem schönsten Aussichtsberg über dem Chiemgau, vorüberzurasen. Inzwischen schleicht man häufig vorbei – zumindest an jenen Wochenenden, an denen die Blechkarawanen aus dem weniger hohen als vielmehr flacheren und kälteren Norden in den sonnigen und wärmeren Süden ziehen. Dabei wär's so einfach: spätestens bei Bernau das verstopfte Asphaltband verlassen und gemütlich über Grassau nach Marquartstein fahren, dicht unters 1000-jährige Schloss. Ringsum stehen die für den Chiemgau typischen Bauernhöfe wie ländliche Burgen zwischen ihren Obstbäumen. Um die Jahrhundertwende war Marquartstein übrigens eine beliebte Sommerfrische. Zwischen 1890 und 1908 war auch Richard Strauss regelmäßig Gast in der Chiemgau-Idylle, die er gleichermaßen zur Erholung wie zum Komponieren aufsuchte. Man spürt noch immer etwas von dieser sympathischen Frühzeit des Tourismus im Dorf, auch wenn man dort heute natürlich nicht mehr ohne modernes Fremdenverkehrsmanagement und die entsprechende Infrastruktur auskommt.

Es gibt zwei schöne Wege auf den Hochgern, also von 545 Meter Talhöhe auf 1748 Meter Gipfelhöhe: erstens den etwas weniger steilen Südweg (Markierung 232), der mit einigen Forststraßenabschnitten über die Brotzeitstation Agergschwendalm (1040 m) zur Wiesenfläche der Weitalm, zum Hochgernhaus und schließlich auf einem von interessanten Karrenfeldern und Wetterfichten begleiteten Steig zum Gipfelkreuz führt; oder zweitens den etwas steileren Weg (Markierung 231) über die Schnappenkirche zur ebenfalls bewirtschafteten Staudacheralm (1150 m) und durch die Nordflanke zum höchsten Punkt. In jedem Fall wird man 3–4 Stunden steigen, erst durch Wald, dann über Almböden mit immer freierem Ausblick. Wer sich zwei Tage Zeit nimmt, nächtigt im Hochgernhaus und wird es kaum bereuen – falls es noch genügend Platz gibt.

Auf dem Hochgerngipfel hat man alle Zutaten, die das lieb gewonnene Bayernbild ausmachen, zu seinen Füßen: den großen See mit den Inseln und weißen Segeln, die dunklen Filzen zwischen Gebirgssockel und See, dazu hundert Zwiebeltürme über hundert Dörfern – und im Rücken das große Kalkgebirge über Lofer, den Wilden Kaiser, Watzmann und die Reiteralpe. Und dahinter, in der Ferne, die eisbedeckten Zentralalpen am Tauernkamm.

Egal, welchen Auf- oder Abstieg man nimmt, immer wird man den Seelenbalsam der bayrischen Vorgebirgslandschaft genießen können – mit mehr oder weniger vielen Gleichgesinnten. Der stillere der beiden Wege ist jener über die Staudacheralm und Schnappenkirche.

Wege und Wirtshaus lassen sich bei diesem Blick auf die Südflanke des Hochgern bestens erkennen. Außerdem verdeutlicht das Luftbild die Qualität des Hochgern als großartigen Aussichtsgipfel.

2 Auf die Kampenwand
und in den Klausgraben

BERGWANDERUNG
1664 m
Mit Kindern ab 12 Jahren
1 Tag

Talorte: Aschau (615 m), Seilbahn bis zum Kampenwandhaus; Wanderparkplatz Hainbach (665 m)

Charakter: Leichte Bergwanderung mit kurzen alpinen Akzenten am Kampenwand-Ostgipfel, einsamer Abstieg durch den Klausgraben. Badesachen nicht vergessen! Beste Zeit: Anfang Juni bis Ende Oktober.

Gehzeit: Aufstieg 1¼ Std., Abstieg 3–3½ Std.

Hütten/Almen: Kampenwandhaus (1467 m, privat), Steinlingalm (1450 m, privat, ÜN), Hofbauernalm (1379 m, privat, einfache Brotzeit)

Verlauf: Bergstation Kampenwand-Seilbahn – Steinlingalm – Kampenwand-Ostgipfel – Steinlingalm – Bergstation Kampenwandseilbahn – Hofbauernalm – Dalsensattel – Klausgraben – Hainbach (Busverbindung nach Aschau)

Karte BLVA UK L7, Chiemsee und Umgebung, 1:50 000

Bahn & Bus: DB München – Prien a. Chiemsee, Bus Prien – Aschau/Hohenaschau, Bus Hainbach – Aschau

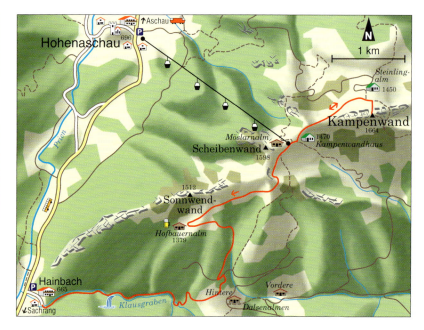

Die beiden Wahrzeichen von Aschau stehen unterschiedlich hoch über dem Tal: das eine, die Burg Hohenaschau, auf einem fast 90 Meter hohen Felshöcker, das andere, die Kampenwand, weitere 900 Meter höher. Der markante Felskamm hoch über dem Chiemsee zählt in den Bergen östlich des Inntals zu den traditionsreichsten Ausflugszielen der Münchner. Grund für die große Anziehungskraft ist neben der einfachen und schnellen Anreise über die Autobahn natürlich die Gondelbahn, mit der die Besucher mühelos bis dicht an den Fuß der Felsen gelangen. Aber vor dem Schlussstück zum Gipfel hat dann doch so mancher mit dem berühmten Seufzer kapituliert: »I gang so gern auf d' Kamp'nwand, wann i mit meiner Wamp'n kannt.«

Schon bei der Bergstation werden die Besucher mit einer Aussicht empfangen, die bis zum Großglockner reicht; viele spazieren noch 20 Minuten lang zur Steinlingalm hinüber, weil diese Strecke sogar mit Sandalen zu schaffen ist und dort eine Brotzeit lockt. Gipfelstürmer steigen natürlich in 1 Stunde zum felsigen Ostgipfel (1664 m) der Kampenwand hinauf, der von einem riesigen Kreuz »geschmückt« wird. Der Anstieg führt mitten durch die kleinen und großen Felstürme am Fuß des Gipfels, um zuletzt über kurze Felsstufen und eine luftige Eisenbrücke das Gipfelkreuz zu erreichen. Hier fühlt sich dann auch der Wanderer als Kletterer und genießt glücklich das weite Panorama.

Nur ein paar Minuten von der Bergbahn entfernt steht dicht am Promenadenweg der Ausflügler der Staffelstein, an dem Kinder – selbstverständlich vom Papa oder der Mama mit dem Seil gesichert – zeigen können, dass Klettern zu den Urformen menschlichen Bewegens zählt.

Bis zum zweiten kindgerechten Abenteuerspielplatz unter der Kampenwand müssen die jungen Helden der Berge dann aber doch ein paar Schritte gehen, fort aus dem Touristentrubel um die Bergstation, aber sie können unterwegs bei der Hofbauernalm gemütlich Brotzeit machen. Dann geht's hinunter in den Klausgraben mit seinen herrlichen Badegumpen: Sitz- und Liegewannen, flache Bassins, Kaskaden und kleine Wasserfälle, das Bett des Klausbaches ist ein echtes alpines Spielparadies. An einem heißen Sommertag lässt man alles liegen, sucht sich jeder seine eigene Gumpe, um im klaren Bergwasser zu baden oder sich unter eine kalte Dusche zu stellen.

Zuverlässige Angaben über die Dauer der Bergabwanderung von der Kampenwand über die Hofbauernalm zurück ins Priental sind bei einem derartigen Spielgelände übrigens nicht möglich. Die Halbtagestour kann sich hier jedenfalls leicht in eine Tagestour verwandeln.

Der helle Kalkkamm der Kampenwand mit West-, Haupt- und Ostgipfel (v.l.n.r.) zählt zu den markantesten Gipfeln der Chiemgauer Alpen. Über die hier nicht sichtbare Nordflanke gelangen auch Bergwanderer bis auf den Ostgipfel.

3 Die Chiemgauer Hochplatte

Zehn Filzböden, ein See und drei Inseln – von oben

BERGWANDERUNG
1587 m
Mit Kindern ab 12 Jahren
½ Tag

Talort: Grassau (538 m), AP Ghs. Strehtrumpf (680 m)

Charakter: Leichte Bergwanderung ohne jede Schwierigkeit; die Variante Hochplatte – Kampenwand erfordert Trittsicherheit. Beste Zeit: Anfang Juni bis Ende Oktober.

Gehzeit: Aufstieg 2½ Std., Abstieg 1½ Std.

Hütten/Almen: Ghs. Staffenalm (1040 m, privat), neben der Bergstation des Hochplatte-Sessellifts; Piesenhauser Hochalm (1400 m, privat)

Verlauf: Ghs. Strehtrumpf – Rachelalm – Ghs. Staffenalm – Hochplatte

Varianten: Bei Benutzung der Sesselbahn von Niedernfels verkürzt sich der Anstieg auf 1½ Std., zu wenig für einen Tag. Ein lohnender Abstecher ist daher der Übergang von der Hochplatte zur Kampenwand, 2 Std. (stellenweise mit Drahtseilen gesichert).

Karte: BLVA UK L7, Chiemsee und Umgebung, 1:50000

Bahn & Bus: DB München – Übersee, Bus Übersee – Grassau

Wen es im Gebirg' vor allem zu den steileren und höheren Gipfeln zieht, der kann sie nicht so ganz ernst nehmen, diese Chiemgauer Hochplatte (1587 m): Grasberg unter Grasbergen, niemals so attraktiv wie die unmittelbar benachbarte Kampenwand mit ihren »Sechser«-Südwänden und der anregenden Genussletterei über alle Gipfel hinweg. Andererseits wimmelt es auf der Kampenwand von Bergbahngästen, auf der Hochplatte dagegen ist es trotz Sessellift relativ still. Übrigens hat diese Hochplatte durchaus ein eigenes Profil. Zwischen den Alm- und Waldkuppen des Massivs recken sich immer wieder scharfe Felsnadeln und Schrofentürme gegen den Himmel: Teufelstein, Breitwand, Zwillingswand, Haberspitz und Friedenrath.

Dementsprechend ist der Aufstieg von Osten her alles andere als langweilig, egal, ob man von Marquartstein über Niedernfels und die Plattenalm geht oder von Grassau her über Strehtrumpf und Haberspitz. 2½–3 Stunden ist man von Grassau oder Marquartstein bis zum Gipfel der Chiemgauer Hochplatte unterwegs. Dann rastet man in 1587 Meter Höhe, genau 1000 Meter über dem Chiemsee. Welch eine gesegnete Landschaft liegt da zu unseren Füßen: der schimmernde See mit seinen drei Inseln, Wälder und Wiesenkuppen, Filzböden. Der Ausblick ins weit ausgebreitete altbayrische Stammland zwischen Inn und Rupertigau ist wunderschön. Auch der Blick nach Süden ist immer gleich erregend: Wilder Kaiser und Loferer Steinberge, Hohe Tauern und Watzmannstock, die bezaubernde Nähe des Geigelsteins und des Hochgern-Massivs (siehe Tour 1). Wer sich auf der Hochplatte übrigens partout »alpin« bewähren will, kann den steil schrofigen Friedenrath, einen Kalkpfeiler im Nordsporn, erklettern. Allen, die nicht nach Grassau oder Marquartstein zurück müssen, empfehle ich den Übergang von der Hochplatte über die nur 15 Minuten westlich unterhalb liegende und bewirtschaftete Piesenhauser Hochalm und den ganzen Kamm hinüber zur Steinlingalm bzw. auf die Kampenwand. Das ist im zweiten Teil ein Felssteig mit einigen Drahtseilsicherungen, der freilich etwas Schwindelfreiheit und Trittsicherheit erfordert. Aber der Weg ist schön, eine Promenade hoch überm Chiemgau, Gehzeit nur gute 2–3 Stunden. Und für die Stille unterwegs sorgt die Faulheit der Kabinenfahrer!

Der Blick aus dem Flugzeug auf die grüne Gras- und Latschenkuppe der Hochplatte lässt von deren Reizen wenig ahnen: vom Tiefblick auf den Chiemsee und vom Fernblick zum Wilden Kaiser und zu den Hohen Tauern. Im Hintergrund sind oben links die prominenteren Nachbarn Hochgern und Hochfelln zu erkennen, vorne die bewirtschaftete Piesenhauser Hochalm.

4 Auf Hochries und Spitzstein
Kaiserblick über Inn- und Prientäl

BERGWANDERUNG
1568 m
Mit Kindern ab 12 Jahren
2 Tage

Talorte: Frasdorf (598 m)
Sachrang (738 m)

Charakter: Überaus reizvolle Höhen- und Kammwanderung mit Übernachtung auf dem Gipfel der Hochries, für geübte Geher ohne Schwierigkeiten. Beste Zeit: Juni bis Ende Oktober.

Gehzeiten: 1. Tag: 3–4 Std., 2. Tag: 5–6 Std.

Hütten/Almen: Riesenhütte (1345 m, DAV), Hochrieshaus (1568 m, DAV), Klausenalm (1520 m, privat, ÜN), Spitzsteinhaus (1263 m, DAV)

Verlauf: Frasdorf – Zellboden – Riesenhütte – Hochries – Abergalm – Klausenberg – Feichtenalm – Brandelberg – Spitzstein – Spitzsteinhaus – Sachrang

Winterwanderung: Der Anstieg auf die Hochries ist im Winter eine einfache Skitour, der Spitzstein mit dem Anstieg von Süden kann dagegen in schneearmen Wintern auch von Wanderern unternommen werden.

Karte: BLVA UK L7, Chiemsee und Umgebung, 1 : 50 000

Bahn & Bus: DB München – Rosenheim, Bus Rosenheim – Frasdorf bzw. Bus Rosenheim – Aschau, Bus Aschau – Sachrang

Vom Irschenberg betrachtet gleicht die Hochries (1568 m), als Vorbotin des Chiemgaus, einer unauffällig flachen Pyramide, mehr einem stumpfen Kegel. Aber immerhin, sie überragt das Inntal um gut 1000 Meter. Daher verspricht diese Hochries schon vom Tal aus eine bedeutende Fernsicht: auf die Innschlingen bis Wasserburg, auf den Chiemsee und in die Feilnbacher und Aiblinger Filzbecken. Aber das ist alles nichts gegen den Hochries-Ausblick nach Süden: Da steht die Mauer des Zahmen Kaisers ganz nah, und dahinter bildet die felsige Zackenkrone des Wilden Kaisers eine markante Horizontlinie. Deshalb gibt's bei der zweitägigen Überschreitung von Frasdorf über Hochries und Spitzstein nach Sachrang nur eine vernünftige Marschrichtung, nämlich jene von Norden nach Süden – das Kaisermassiv stets als imposante Kulisse vor Augen.

Von Frasdorf mit seinem spitzen Kirchturm steigen wir südwärts über das Almgelände der Schmied- und Hofalm und über die Riesenhütte hinauf zum Gipfel – immerhin gut 3 Stunden Marsch. Schon nach 1 Stunde hört man keine Autobahngeräusche mehr.

An der Riesenhütte öffnet sich ein freier Boden mit den letzten Wetterfichten, und auf dem Grat schauen wir zum ersten Mal über jene mächtige Mulde südwärts hinweg, die den Hochries- vom Spitzsteinkamm trennt. Der Klausenberg gegenüber ist fast so hoch wie die Hochries.

Der Weg dorthin beginnt am nächsten Morgen allerdings mit einem Abstieg: vom Hochries-Gipfelhaus gehen wir am Grat bis zu dem kleinen Sattel vor dem Riesenberg und biegen dort rechts ab in die erwähnte Mulde. Von dort geht's wieder bergauf zur Abergalm und zur Klausenhütte (1508 m), die aussichtsreich auf dem breiten Südwestrücken des Klausenbergs thront.

Von der Hütte führt der Weg am Zinnenberg vorbei zur Feichtenalm und dann direkt auf dem schmalen Kamm – und auf der bayrisch-tirolerischen Grenze – über den Brandelberg (1516 m) hinweg in den Sattel vor dem Spitzstein. Eine 1/2 Stunde streng bergauf, dann ist man oben – und abermals dem Kaiser ein beträchtliches Stück näher gerückt.

Jetzt blicken wir auch das lange Unterinntal hinauf, am Pendling vorbei bis zur Kundler Klamm und zum Rofan, östlich wiederum auf Loferer Steinberge und Reiteralpe. Nur ein kurzer Abstieg bringt uns zum Spitzsteinhaus (dieser Abschnitt ist auf nebenstehendem Bild zu sehen).

Das sind die unschätzbaren Vorzüge des Vorgebirges. Und selten wird das Spitzsteinhaus im August so überfüllt sein wie etwa die Hütten der Stubaier, Ötztaler und Zillertaler Berge.

Zu unserem Ziel, dem (Fernseh-) Bilderbuchdorf Sachrang, ist's dann nur noch ein Katzensprung bzw. eine gemütliche Bergabwanderung von 1 Stunde Dauer.

Der breite Vorgebirgskegel des Spitzsteins dominiert das von Süden aufgenommene Luftbild. Links neben dem Gipfel schaut noch die Hochries hervor, der erste Gipfel unserer Chiemgauer Höhenwanderung. Am Ende des Fahrwegs wartet das Spitzsteinhaus auf durstige und hungrige Bergwanderer. Die Alpenvereinshütte und die Steinmoosalm stehen übrigens haarscharf neben der Grenzlinie auf Tiroler Boden.

5 Der Heuberg
Gemütliche Aussichtskanzel über dem Inntal

BERGWANDERUNG
1338 m
Mit Kindern ab 8 Jahren
½ Tag

Talort: Nußdorf (487 m), AP Ghs. Duft (785 m)

Charakter: Leichte Wanderung auf einen hervorragenden Aussichtsgipfel über dem Inntal. Lediglich beim Abstecher auf den Nachbargipfel der Wasserwand (15 Min.) ist Trittsicherheit erforderlich. Beste Zeit: Anfang Mai bis Anfang November.

Gehzeit: Aufstieg 1½–2 Std., Abstieg 1¼ Std.

Hütten/Almen: Daffnerwaldalm (1060 m, privat)

Verlauf: Ghs. Duft – Daffnerwaldalm – Heuberg

Variante: Ein lohnender Nachbargipfel ist die durch einen Wiesensattel getrennte Wasserwand, der Anstieg aus dem Sattel (15 Min.) erfordert Trittsicherheit.

Winterwanderung: Beim Heuberg könnte man fast von einem Ganzjahresziel sprechen, lediglich nach starken Neuschneefällen oder bei hoher Schneelage kehrt vorübergehend Ruhe ein.

Karte: BLVA UK L7, Chiemsee und Umgebung, 1 : 50 000

Bahn & Bus: DB München – Rosenheim, Bus Rosenheim – Nußdorf

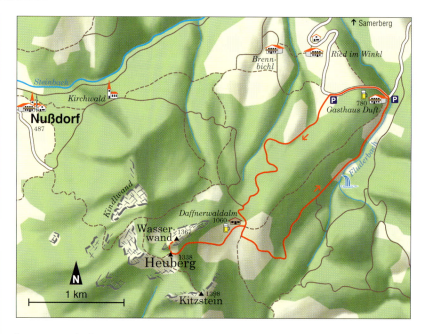

Mit seiner Höhe von 1338 Metern würde der Heuberg in der Masse der Münchner Hausberge eigentlich gar nicht auffallen. Doch seine vorgeschobene Lage direkt über dem Inntal macht ihn zu einem außergewöhnlichen Aussichtsberg mit Blick bis in die Zentralalpen. Und wer schon einmal auf der Autobahn durch das Inntal gebraust ist – und das dürfte fast jeder Leser sein –, dem ist sicher der Berg mit einem auffallend steilen Wiesenhang unter dem Gipfel aufgefallen. Vom Inntal aus sind fast 900 Höhenmeter zu bewältigen – ein einsamer und steiler Anstieg, der knapp 3 Stunden dauert und den Heuberg regelrecht in einen großen Berg verwandelt.

Die gemütlichere und zahmere Variante beginnt etwas höher am südlichen Samerberg, beim Wanderparkplatz nahe dem Weiler Schweibern (nur wenige hundert Meter weiter befindet sich das Gasthaus Duftbräu). Auf einem Fahrweg laufen wir uns im schattigen Wald warm und haben Zeit, den richtigen Gehrhythmus zu finden. Beim ersten freien Ausblick liegt die flache Mulde des Samerbergs bereits ein gutes Stück tiefer, und wenige Schritte weiter öffnet sich die Landschaft auch nach Süden hin. Auf halbem Weg erreichen wir die Wiesen und Hütten der Daffnerwaldalm. Heldenhaft gehen wir jetzt noch am Brotzeitstopp vorbei, aber wir merken ihn uns für den Rückweg.

So gemütlich der Anstieg bis zur Daffnerwaldalm war, so anstrengend geht's danach etwa 40 Minuten lang in die Höhe. Der Weg ist fast überall befestigt, nur in einer Waldpassage kann es nach Regenfällen etwas rutschig werden – mit den richtigen Wanderschuhen gibt's aber keine Probleme.

Mehr als 1338 Meter hat der Wiesenbuckel nicht zu bieten, aber an dieser Stelle, in der Nordwestecke der Chiemgauer Alpen, reicht das, um mit einer großartigen Aussicht zu überraschen. Auch wenn sich der Wilde Kaiser hinter dem Zahmen Kaiser fast versteckt und der etwas höhere Kitzstein den Blick nach Südosten einschränkt – an der Aussicht gibt's nichts zu kritisieren.

Neben dem Panorama besitzt der Heuberg weitere Trümpfe: Der aufregende heißt Wasserwand, wo felshungrige Gipfelstürmer entlang einem Mini-Klettersteig »mit dem Tod im Nacken durch die steile Wand« kraxeln und oben noch ein paar Meter höher als am Heuberg die Aussicht genießen. Der romantische Trumpf sind, kurz vor dem Ende der Tour, ein paar nette Kaskaden des Fluderbachs. Ein paar Minuten weiter steht dann der Duftbräu.

Eine herrliche Aussichtsloge ist die runde Wiesenkuppe des Heuberg-Gipfels. Jenseits des Inntals sieht man über dem dunklen Waldgürtel zwischen Mitterberg und Wildbarren den Großen Traithen (rechts) und den Gipfelkamm des Brünnsteins (Mitte, siehe Tour 12).

6 Die Ellmauer Halt/Kaiserschützensteig

Der höchste Kaiser-Gipfel: großartig, aber anstrengend

BERGTOUR
2344 m
Mit Kindern ab 14 Jahren
2 Tage

Talort: Kufstein (499 m), AP Kufstein-Sparchen (496 m)

Charakter: Klettersteig auf den höchsten Kaiser-Gipfel, Trittsicherheit und Schwindelfreiheit erforderlich. Vorsicht beim Abstieg von der Roten Rinnscharte in den Oberen Scharlinger Boden, sehr brüchiger Fels! Klettersteig-Ausrüstung! Nicht vor Anfang Juli, dann bis Mitte Oktober.

Gehzeit: Aufstieg 5½–6 Std., Abstieg 4 Std. jeweils ab/bis Hans-Berger-Haus

Hütten/Almen: Ghs. Veitenhof (700 m, privat), Ghs. Pfandl (780 m, privat, ÜN), Anton-Karg-Haus (829 m, ÖAV, 2½ Std. ab Kufstein-Sparchen), Kaisertalhütte (Hans-Berger-Haus, 936 m, TVN, 3 Std. ab Kufstein-Sparchen)

Verlauf: Kufstein-Sparchen – Kaisertal – Anton-Karg-Haus – Oberer Scharlinger Boden – Kaiserschützensteig – Ellmauer Halt – Rote Rinnscharte – Anton-Karg-Haus – Kaisertal – Kufstein-Sparchen

Variante: Die Gipfel der Kl. Halt und der Gamshalt können vom Kaiserschützensteig in 20 bzw. 10 Min. leicht bestiegen werden.

Karten: ÖK 90, Kufstein, 1:50000; AV 8, Kaisergebirge, 1:25000; FB 301, Kufstein – Kaisergebirge – Kitzbühel, 1:50000

Bahn & Bus: DB München – Kufstein

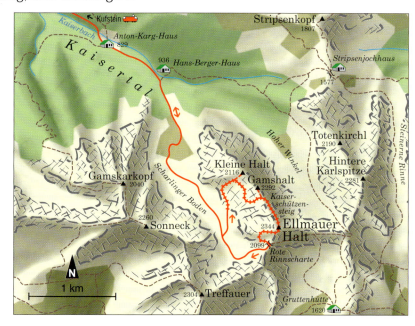

Als Soldaten des Österreichischen Bundesheeres sich 1985 und 1986 an die friedvolle Aufgabe machten, rund 500 Meter Drahtseile an den drei Halten zu verankern, war mit der Alpenvereinssektion Kufstein genau festgelegt, dass es bei dieser Sicherungshilfe bleiben müsse und nirgendwo künstliche Tritte angebracht werden dürfen. Ein Kompromiss, den Freunde wie Gegner künstlicher Steiganlagen akzeptieren konnten. Vorher war die Überschreitung der drei Halten – allerdings mit dem Auftakt am »Enzenspergerweg« – einmal eine der schönsten leichteren Klettertouren (II und III) im Wilden Kaiser – aber halt nur für Kletterer ...

In aller Früh steigen wir aus dem schattigen Winkel von Hinterbärenbad in Richtung Kleine Halt auf; unter dem abweisenden, 900 Meter hohen Plattendach der Nordwestwand vorbei kommen wir zum Oberen Scharlinger Boden und entdecken hier links über einem senkrechten Wandabbruch die glatte Haltplatte und den Einstieg des Kaiserschützensteigs (Markierung »KST«). Über diese Haltplatte führen die ersten Drahtseile in die breite Rinne zwischen Kleiner Halt und Gamshalt. Dann geht's hinauf zu einer grasbewachsenen Rippe und einer Weggabelung. Über den linken Steig kämen wir in 20 Minuten zum Gipfel der Kleinen Halt, wir aber bleiben rechts, wo es nach der Querung der Rinne und eines Geröllfeldes bei einem Plattenschuss wieder interessant wird. Darüber baut sich eine Steilwand auf, die wir geschickt rechts umgehen. Um den Westgrat der Gamshalt herum gelangen wir kurz darauf in die grüne Mulde zwischen Gamshalt und Ellmauer Halt. Den Gipfel der Gamshalt lassen wir erneut links liegen, weil wir schon bald vom Verbindungsgrat zur Ellmauer Halt den gleichen Ausblick haben: jenseits hinunter in den einsamen Hohen Winkel und zur Westwand des Totenkirchls. Mit einer kurzen Unterbrechung führen die Drahtseile schließlich über den letzten Aufschwung hinweg bis in eine Scharte östlich des Gipfels, und gleich darauf stehen wir auch schon oben neben dem Kreuz.

Für den Abstieg über den Gamsängersteig und durch die Rote Rinnscharte ist dann erhöhte Vorsicht angebracht, da das Gestein stellenweise sehr brüchig ist und in der Rinne viel loses Geröll liegt. Wenn man dann wieder unten in Hinterbärenbad vor einer Radlermaß sitzt und hinaufschaut zu den Halten, kriegt man gleich richtig Respekt vor sich selbst: »Wos samma?« – »Hund' samma!«

Der von Felstürmen geprägte Gipfelaufbau der Ellmauer Halt. Links markiert der Kapuzinerturm den Beginn des obersten Abschnitts des Kopftörlgrats. Über die Schrofen im Vordergrund rechts erreicht der Kaiserschützensteig den höchsten Punkt des Wilden Kaisers.

7 Steinerne Rinne und Goinger Halt
Unter Fleischbank und Predigtstuhl

BERGTOUR
2191 m
Mit Kindern ab 14 Jahren
1 Tag

Talort: Griesenau (727 m), AP Ghs. Griesneralm (988 m)

Charakter: Eindrucksvolle Bergtour im Zentrum des Wilden Kaisers; der Steig durch die Steinerne Rinne ist teilweise mit Drahtseilen gesichert. Beste Zeit: Mitte Juli bis Mitte Oktober.

Gehzeit: Aufstieg 3½ Std., Abstieg 2 Std.

Hütten: keine

Verlauf: Griesneralm – Steinerne Rinne – Ellmauer Tor – Hintere Goinger Halt

Besonderer Hinweis: In der Steinernen Rinne gibt es bis in den Sommer hinein Altschneefelder. Vorsicht: Abrutschgefahr! Außerdem ist die Steinschlaggefahr zu beachten!

Variante: Einfacher, aber bei weitem nicht so eindrucksvoll ist der Anstieg von Süden durchs Kübelkar zum Ellmauer Tor, 2½ Std. von der Wochenbrunneralm.

Karten: AV 8, Kaisergebirge, 1:25 000; FB 301, Kufstein – Kaisergebirge – Kitzbühel, 1:50 000

Bahn & Bus: DB München – Wörgl, ÖBB Wörgl – St. Johann i.T., PB St. Johann i.T. – Griesenau

Es ist nicht der Ausblick vom Gipfel der 2192 Meter hohen Hinteren Goinger Halt, nicht der interessante Tiefblick in die Schuttwelt des Griesner Kars, nicht der Nahblick auf die senkrecht gestellten Schichttürme ringsum und auch nicht der aufregende Fernblick zu den Hohen Tauern, den der erhitzte Besucher aus Köln, Essen oder Hamburg ganz zu Recht kolossal nennt, enorm und gigantisch – der Höhepunkt des Erlebnisses liegt viel tiefer, nämlich in der Steinernen Rinne, die man am Weg von der Griesneralm zum Ellmauer Tor durchsteigen muss.

Wer zum ersten Mal zwischen den zwei senkrecht auffahrenden, nur eine Steinwurfweite voneinander entfernten Riesenwänden von Fleischbank und Predigtstuhl hinaufsteigt, dem fehlen die platten »starken« Worte. Es kann einem momentan schon der Schreck in die Glieder fahren, wenn man in der berühmten Fleischbank-Ostwand die Kletterer wie Fliegen am glatten Fels kleben sieht, wenn man die Sportkletterer beim Kampf gegen die Schwerkraft beobachtet, wenn man in den modernen VIIIer-Routen mit den phantasievollen Namen wie »Frustlos« oder »Erotisches Abenteuer« Übermenschen aus München-Untergiesing entdeckt. Da ist man froh, einen Steig unter den Füßen und ein Drahtseil in der Hand zu haben. Zum Trost aller Preußen sei aber auch gleich gesagt, dass sich den größten Ruhm an Fleischbank, Totenkirchl und Predigtstuhl kein Giesinger, sondern ein passionierter Musikfreund aus Norddeutschland erworben hat: Hans Dülfer. Der kühne Ersteiger von Fleischbank-Ostwand und Totenkirchl-Westwand zeigte 1912 den Bayern und Tirolern, was modernes Klettern ist ...

Und auch Helmut Kiene und Reinhard Karl, die 1977 mit ihrer ersten Begehung der Pumprisse am Fleischbankpfeiler für eine Revolution sorgten und die sechsteilige Schwierigkeitsskala der Kletterer öffneten, hatten ihre ersten Schritte im Fels in alpenfernen Klettergebieten unternommen.

Für uns Bergwanderer gibt es zwei Wege auf die Hintere Goinger Halt: den etwas schweißtreibenden, da der Sonne ausgesetzten Anstieg von Süden, von der Wochenbrunneralm über die Gaudeamushütte und die lange Schuttreiße unterm Ellmauer Tor, und den viel schöneren von Norden, der am Großparkplatz bei der Griesneralm beginnt.

Unter dem Stripsenjoch zweigen wir links ab, queren auf dem drahtseilgesicherten Eggersteig den steilen Felssockel der Fleischbank und steigen zwischen den Felswänden die steilen Kehren (teilweise gesichert) empor zum 1995 Meter hohen Ellmaurer Tor. Die letzte Etappe ist dann ein harmloses Steigerl mit einigen Felsstufen zum Gipfel der Hinteren Goinger Halt. Mit Kindern ab zwölf Jahren begehe man die Steinerne Rinne erst ab Mitte Juli, wenn keine Schneereste mehr auf den Felsstufen liegen. Da in den Grund der Rinne nur wenig Sonnenschein dringt, sind die Firnreste meist gefroren, also gefährlich!

»Stürzende Linien« – ein Begriff aus der Fotografie, den ein Wanderer in der Steinernen Rinne eher wörtlich interpretiert. Die optische Täuschung des Bildes lässt übrigens den Anstieg weniger steil aussehen, als er in Wirklichkeit ist. Links steigt der Predigtstuhl in den Himmel.

8 Über den Scheffauer
Felsturnerei vor dem Auracher Löchl

BERGTOUR
2111 m
Mit Kindern ab 12 Jahren
1 Tag

Talorte: Kufstein (499 m), Sesselbahn zum Brentenjoch (1204 m); Scheffau (752 m), EP Ghs. Bärnstatt (918 m)

Charakter: Lange Bergtour, für trittsichere und schwindelfreie Geher ohne Probleme. Vorsicht beim Widauersteig: Steinschlag durch Vorausgehende! Beste Zeit: Mitte Juli bis Mitte Oktober.

Gehzeit: Aufstieg 4 Std., Abstieg 2 Std.

Hütten/Almen: Kaindlhütte (1293 m, privat, ÜN)

Verlauf: Brentenjoch – Kaindlhütte – Widauersteig – Scheffauer – Steiner-Hochalm – Ghs. Bärnstatt

Variante: Eine interessante Abstiegsmöglichkeit vom Ghs. Bärnstatt bildet die Steinerne Stiege. Man wandert am Hintersteiner See vorbei zur Stiegenwand, durch deren Steilstufe eine Steiganlage zur Bundesstraße Ellmau–Kufstein hinabführt (nur für Schwindelfreie!).

Karten: ÖK 90, Kufstein, 1 : 50 000; AV 8, Kaisergebirge 1 : 25 000; FB 301, Kufstein – Kaisergebirge – Kitzbühel, 1 : 50 000

Bahn & Bus: DB München – Kufstein, PB Scheffau – Kufstein

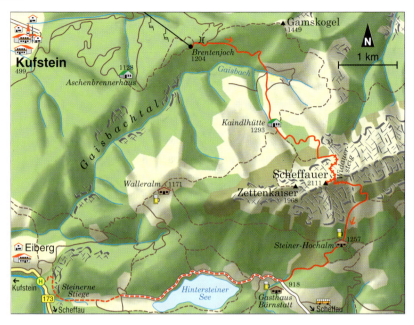

Die Anfahrt von München nach Kufstein ist beinahe ideal kurz: Man fährt vom Autobahnbeginn in Giesing oder Ramersdorf nur gut 1 Stunde bis zur Talstation des Wilder-Kaiser-Lifts (die umweltfreundlichere Bahn braucht übrigens vom Hauptbahnhof bis zum Bahnhof Kufstein exakt nur 1 Stunde und 3 Minuten), schwebt 20 Minuten lang bis zum Brentenjoch in rund 1200 Meter Höhe, läuft sich 40 Minuten warm und rastet nach alles in allem nur guten $2^{1}/_{4}$ Stunden vor der alten Kaindlhütte, unmittelbar unter der Nordwand des Scheffauers (2111 m).

Die Nordwand bietet Kletterern, die noch im leichten Fels ihre Erfahrungen sammeln müssen, ideales Gelände, wobei man natürlich alle reinen Kletterrouten nur in einer Seilschaft begehen sollte. Bekannt und lohnend ist die Ostler-Route, ein genussvoller »Dreier« in meist festem Fels, und noch ein bisserl anspruchsvoller, wenn man die auffallende Ostler-Platte direkt hinaufturnt statt schräg links hinüber. Dieser kurze Exkurs sei hier gestattet. Es gibt jedoch auch eine leichtere Möglichkeit, durch diese Wand bzw. an ihrem Rand entlang zum Gipfelkamm zu steigen: den Widauersteig. Diesen mit Drahtseilen und Eisenklammern gesicherten Klettersteig kann jedes trittsichere und schwindelfreie Kind ab zwölf Jahren begehen; Voraussetzung ist freilich, dass es ein alpin erfahrener Erwachsener auf Schritt und Tritt begleitet bzw. mit einer Reepschnur zuverlässig sichert. In der oberen Hälfte ist wegen der Steinschlaggefahr höchste Sorgfalt geboten.

Am Scheffauer-Gipfel trifft man sich dann wieder: Kletterer, Klettersteiggeher und Bergwanderer. Letztgenannte sind auch dabei, weil der Scheffauer eine vergleichsweise zahme Südflanke aufweist, durch die ein schmaler Steig (eine Stelle mit Drahtseil) ziemlich einfach zum Gipfelkamm führt. Schwitzen muss man halt hier ein bisserl mehr, wenn man zu spät in die heiße Flanke einsteigt ...

Dieser Normalanstieg der Wanderer bildet den zweiten Teil der Nord-Süd-Überschreitung: also am Kamm zurück zur »Kegelstatt«, dann aber nicht links hinunter, sondern rechts durch die Schrofen- und Latschenhänge bis zur Abzweigung, wo man sich wieder rechts hält, um zur Steiner-Hochalm, zum Hintersteiner See und über die Steinerne Stiege steil hinunter zur Bushaltestelle an der lauten Bundesstraße zu gelangen.

Hoch über der idyllischen Wiesenmulde der Steinbergalm – dort steht auch die Kaindlhütte – baut sich die schattige Nordwand des Scheffauers auf. Der Widauersteig führt im linken Wandteil zur latschenbesetzten Rippe, dann nach rechts durch die deutlich erkennbare Rinne zum Grat und weiter zum Gipfel.

9 Stripsenkopf und Feldberg
Zahme Wege vor dem Wilden Kaiser

BERGWANDERUNG
1813 m
Mit Kindern ab 12 Jahren
1 Tag

Talort: Griesenau, (727 m), AP Ghs. Griesneralm (988 m, Mautstraße von Griesenau)

Charakter: Ungewöhnlich eindrucksvolle Höhenwanderung gegenüber den Nordwänden des Wilden Kaisers, für trittsichere Geher ohne Probleme. Beste Zeit: Anfang Juni bis Ende Oktober.

Gehzeit: Aufstieg 2½ Std., Abstieg 2 Std.

Hütten/Almen: Stripsenjochhaus, (1577 m, ÖAV)

Verlauf: Griesneralm – Stripsenjochhaus – Stripsenkopf – Feldberg – Obere Scheibenbühelalm – Untere Ranggenalm – Kaiserbachtal – Griesneralm

Karten: AV 8, Kaisergebirge, 1:25000; FB 301, Kufstein – Kaisergebirge – Kitzbühel, 1:50000

Bahn & Bus: DB München – Wörgl, ÖBB Wörgl – St. Johann i. T., PB St. Johann i. T. – Griesenau

Der zünftige Kaiserkletterer lacht über diesen Vorschlag – aber sicher nicht ewig. Hat er erst einmal ein »Gschpusi« oder Frau und Kinder, vielleicht auch nur den ersten soliden Hexenschuss hinter sich oder 60 Jahre am Buckel, dann geht er vom Stripsenjochhaus ganz gern einmal nord- statt südwärts. Vielleicht schon deshalb, weil er zwischen Stripsenkopf und Feldberg den schönsten Sommersonntag in Ruhe genießen kann, sich zehnmal faul in eine Grasmulde legen darf und dort träumend, ohne Schweiß und tausend Ängste, die Predigtstuhl-Nordkante besteigen kann, die Fleischbank-Ostwand oder den klassischen Führerweg aufs Totenkirchl ...

Über die Inntal-Autobahn, dann Walchsee, Kössen, Schwendt ist man in 2 Stunden schon in der Griesenau und bald bei den Riesenparkplätzen der Griesneralm (988 m). Dann steigt man gemütlich unter der Steinernen Rinne hindurch zum Stripsenjoch auf und entzieht sich dort der großen Gesellschaft.

In 35 Minuten spätestens steht man am Stripsenkopf (1807 m) und ist verdutzt, wie schön still es mitten im Hochgebirg' sein kann: Man studiert den Kopftörlgrat Turm für Turm, traversiert die drei Halten oder bummelt in die Scharlinger Böden hinab – nur in Gedanken!

Man marschiert weiter, den Nordostgrat hinab, immer brav am Steig, der rot-weiß bezeichnet ist und dem breiten Kamm zum Feldberg hinüber folgt. Man verliert dabei gegen 180 Höhenmeter und muss sie wieder einholen, während man einen Dolomitturm und die Felsnocke des Tristecken (1710 m) passiert. Die Wandererprozession, die hier an schönen Wochenenden manchmal unterwegs ist, sollte niemand stören – erstens verteilen sich die Leut' auf einer kilometerlangen Strecke und über mehrere Stunden und außerdem handelt es sich doch ausschließlich um Gleichgesinnte! Am Feldberg rastet es sich noch stiller als am Stripsenkopf, und die Aussicht ist umfassender geworden. Unmittelbar gegenüber steht jetzt der ganze Ostkaiser, das Griesner Kar öffnet sich, die nackten Kalkmauern zwischen Lärcheck und Totenkirchl, bis zu 900 Höhenmeter aus den Latschen und Reißen aufsteigend, und das düstere Schneeloch erwecken mehr beklemmende als frohe Gefühle – aber das gefällt den Augen.

Vom Feldberg läuft man gemütlich am sanft absinkenden Kamm, teilweise in Latschengassen, ostwärts zum Scheibenbühelberg hinunter; in einem flachen Sattel kann man sich bei einer Weggabelung nach rechts wenden oder noch die darauf folgende Graskuppe zur Oberen Scheibenbühelalm links umgehen und erst dort den Richtungswechsel nach Süden vornehmen. Den roten Markierungen folgend geht es durch den Bergwald abwärts, dann kommt man vom Waldrand mit einem weiten Bogen zur Unteren Ranggenalm (1229 m) und steigt schließlich ziemlich gerade bis zur Straße im Kaiserbachtal hinunter, die man in der Nähe der Latschenölbrennerei erreicht.

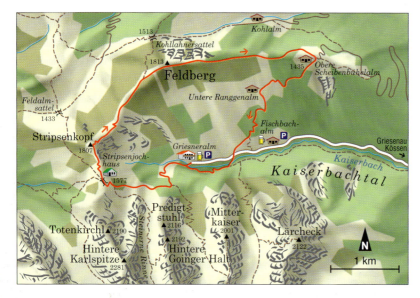

In der ersten Reihe rasten Wanderer auf dem Wiesenbuckel des Scheibenbühels (vorne) und können in aller Ruhe die Welt des östlichen Wilden Kaisers studieren: Maukspitze, Lärcheck, Ackerlspitze und das östliche Griesner Kar. Nur aus dem Flugzeug schweift der Blick über die Kaisergipfel hinweg bis zum Großvenediger.

10 Pyramidenspitze und Vorderkaiserfelden
Stille Wege vor dem Wilden Kaiser

BERGWANDERUNG
1997 m
Mit Kindern ab 14 Jahren
2 Tage

Talort: Kufstein (499 m), AP Kufstein-Sparchen (496 m)

Charakter: Ungewöhnlich schöne und aussichtsreiche Bergwanderung, für trittsichere Geher ohne Probleme. Besonders schön im Herbst!

Gehzeit: Aufstieg 4½ Std., Abstieg 5 Std.

Hütten/Almen: Ghs. Veitenhof (700 m, privat), Rietzalm (1161 m, privat), Vorderkaiserfeldenhütte (1388 m, DAV), Anton-Karg-Haus (829 m, ÖAV), Ghs. Pfandl (780 m, privat, ÜN)

Verlauf: Kufstein-Sparchen – Rietzalm – Vorderkaiserfeldenhütte – Einserkogel – Pyramidenspitze – Anton-Karg-Haus – Kaisertal – Kufstein-Sparchen

Variante: Wer 3 Tage Zeit hat, sollte von der Pyramidenspitze südlich zum Höhenweg Vorderkaiserfeldenhütte–Stripsenjoch absteigen und diesem zum Stripsenjochhaus folgen, dort übernachten, um anderntags das Kaisertal nach Kufstein hinauszubummeln.

Winterwanderung: Der Weg durchs Kaisertal ist auch im Winter eine gemütliche, allerdings sehr schattige Wanderung. Oft schneefrei sind die sonnigen Südhänge hinauf zur Vorderkaiserfeldenhütte.

Karten: ÖK 90, Kufstein, 1:50 000; AV 8, Kaisergebirge, 1:25 000; FB 301, Kufstein – Kaisergebirge – Kitzbühel, 1:50 000

Bahn & Bus: DB München – Kufstein, evtl. PB Bahnhof – Sparchen

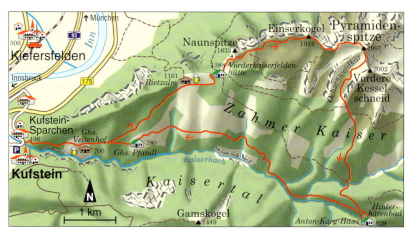

Bei fast jedem Münchner Bergwanderer steht die Pyramidenspitze irgendwann einmal auf dem Programm. Dieser Berg ist nämlich mehr als nur eine bequem zu erreichende Königsloge vor der großen Felsszene des Wilden Kaisers: Man weiß halt von der Einsamkeit, die man dort oben, 1500 Höhenmeter über dem Innboden, findet.

Man steigt von Kufstein über den klassischen Bergpfad der Sparchenstiege, dicht über der tiefen Sparchenklamm, erst die alte Festung im Rückblick bewundernd, dann über die Steilheit des Weges lästernd in 2–2½ Stunden zur Vorderkaiserfeldenhütte auf – immerzu den Wilden Kaiser vor Augen. Die Hütte liegt in 1388 Meter Höhe dicht unter der Naunspitze, dem ersten Gipfel der zur Pyramidenspitze ziehenden Kette. Auf Vorderkaiserfelden bleiben jene über Nacht, die den Wilden Kaiser auch im letzten Abend- und frühesten Morgenlicht bewundern wollen, jedes Mal in dem interessanten Streiflicht, das den mächtigen Wänden und Riesenfurchen eine so starke Struktur verschafft.

Beim weiteren Aufstieg zur Pyramidenspitze entscheide ich mich meist für die Route über das Fels- und Latschenplateau, weil's da gleich wieder streng in die Höhe geht, danach aber gemütlich im steten Auf und Ab zum Gipfel hinüber. Da der Höhenunterschied zwischen Hütte und Gipfelkreuz nur rund 600 Meter beträgt, kann man sich also jene Zeit lassen, die der einzigartige Ausblick fordert. Es gibt in den Kalkalpen wenig große Szenen dieser Geschlossenheit und Wucht auf engem Raum. Und den Ausblick von Vorderkaiserfelden oder gar von der Pyramidenspitze auf die nackten Plattenwände des Wilden Kaisers über dem romantisch-grünen Kaisertal kann nur der vergessen, dem alles Geschaute nichts als »Film« bedeutet: gesehen, vergessen.

Kenner von Hinterbärenbad freuen sich beim Abstieg über die aufgeheizten Südhänge geradezu, wenn sie einen Mordsdurst bekommen: Nirgendwo lässt der sich im Kaiser schöner löschen als beim Wirt des Anton-Karg-Hauses; egal, ob man in der alten Stube, auf der Veranda oder im Schatten der mächtigen Bergahorne sitzt. Da kann man ruhig einmal die Münchner Biergärten vergessen.

Beim Hinausschlendern durchs Kaisertal, immer wieder zur Westwand des Totenkirchls und zu den Plattenschüssen der Kleinen Halt zurückblickend, darf gebetet werden: Der liebe Gott möge doch den Tiroler Behörden so viel Verstand und Weitblick zukommen lassen, dass sie niemals den seit langem geplanten Straßenbau ins Kaisertal genehmigen! Das Beispiel Griesneralm jenseits des Stripsenjochs sollte Abschreckung genug sein. Parkplätze und Massentourismus am Pfandlhof und in Hinterbärenbad? Es wär' schad drum!

Seinem Namen gerecht wird der Zahme Kaiser auf diesem von Südwesten aufgenommenen Luftbild; der wilde, felsige Nordabbruch ist nur zu ahnen. In der großen Wiesenfläche ist die Rietzalm zu erkennen, im kleinen Wiesenfleck darüber die Vorderkaiserfeldenhütte.

11 Der Pendling
Einsamer Spaziergang über Inntal und Thiersee

BERGWANDERUNG
1563 m
Mit Kindern ab 10 Jahren
1 Tag

Talorte: Vorderthiersee (678 m); AP Ghs. Schneeberg (950 m); Niederbreitenbach (518 m).

Charakter: Beliebter Aussichtsgipfel hoch über dem Inntal. Einfache Wanderung, jedoch Vorsicht am Gipfel des Pendlings: Das Gelände stürzt ins Inntal teilweise senkrecht ab! Beste Zeit: Ende Mai bis Anfang November.

Gehzeit: Aufstieg 2 Std., Abstieg 3 Std.

Hütten/Almen: Ghs. Schneeberg (950 m, privat), Kufsteiner Haus (1537 m, privat, ÜN), Karleralm (ca. 1400 m, privat), Höhlensteinhaus (1259 m, privat, ÜN).

Verlauf: Vorderthiersee – Ghs. Schneeberg – Pendling – Karleralm – Höhlensteinhaus – Niederbreitenbach.

Winterwanderung: Die Straße von Schneeberg zur ganzjährig bewirtschafteten Karleralm ist eine beliebte Rodelbahn (mit Verleih). Bis zum Pendling führt in der Regel eine Trampelspur.

Karten: ÖK 89, Angath, 1:50 000; ÖK 90, Kufstein, 1:50 000; FB 301, Kufstein – Kaisergebirge – Kitzbühel, 1:50 000.

Bahn & Bus: DB München – Kufstein, PB Kufstein – Vorderthiersee bzw. ÖBB Kufstein – Langkampfen.

Das Bild, das sich dem Besucher Kufsteins bietet, trügt: Der Pendling (1563 m), von Osten betrachtet ein markanter Kalkklotz, der das Innufer um mehr als 1000 Meter überragt, fällt nach Nordwesten mit einer zwar steilen, aber doch bis oben hin bewaldeten Flanke ab und bildet für den Bergwanderer vom Thiersee-Ufer aus ein leichtes und, trotz steigender Beliebtheit, ein stilles Ziel. Das liegt vielleicht an der unmittelbaren Nachbarschaft des schon optisch viel attraktiver wirkenden Wilden Kaisers am anderen Innufer.

Benutzer öffentlicher Verkehrsmittel müssen schon beim Pfarrwirt in Vorderthiersee starten und bis zum Gasthaus Schneeberg auf der Straße gehen; Autofahrer gelangen müheloser zu diesem höher gelegenen Ausgangspunkt. Auf einem Fahrweg geht es bald in den Bergwald; in einer großen Kehre bei Kaltwasser zweigen wir links ab und folgen dem schmalen Steig, der durch die Nordflanke ohne Umweg nach oben führt. Hier gewinnen wir schnell an Höhe und erreichen bald den Kamm und die sichtbar neu (und leider wenig landschaftsschonend) gebaute Zufahrtsstraße zum Kufsteiner Haus. Der erste Ausblick nach Süden hat die Neugier verstärkt, so dass wir uns erneut an den alten Fußweg halten, der in Richtung Gipfel führt. Immer mehr öffnen sich die schattigen Kulissen, wir treten vor eine helle Weite und – was für eine Überraschung! – wissen nicht mehr, wohin wir zuerst schauen sollen. Das Beste ist, man macht erst am Gipfel oder wenige Meter weiter beim Kufsteiner Haus Brotzeit, ehe man mit dem Zeigefinger auf der Wanderkarte versucht, das Sichtbare zu ordnen und zu begreifen.

Der Pendling steht so günstig, dass wir direkt ins grüne Kaisertal blicken, das die beiden Ketten des Zahmen und Wilden Kaisers trennt. Man entdeckt westlich von Wörgl den mit vielen Weilern besetzten Angerberg unter Hundsalmer Joch und Heuberg – ein wunderschön verstecktes Hochplateau. Ganz zu schweigen von den Kitzbühlern und Tauern, von Hoher Salve und Rettenstein. Hunger und Durst lassen sich nach dem Augenschmaus im Kufsteiner Haus stillen.

Dieser »Kaiserblick« im wahrsten Sinne des Wortes bleibt unser Begleiter, wenn wir vom Pendling auf der neuen Straße zurückwandern, zuerst nord- dann südseitig am Kamm entlang, oberhalb der Jausenstation Karleralm von der Straße abbiegen und nach 2 gemütlichen Stunden das Höhlensteinhaus (1259 m) erreichen. Von dort geht es steil ins Inntal hinunter, vorbei an »Manndl und Weibl«, zwei schroffen Felszapfen, 1291 Meter hoch. Sie stehen gleich hinter dem Haus, am Weg nach Mariastein oder Niederbreitenbach bei Unterlangkampfen.

Autofahrer – immer an Rundtouren interessiert, um zum Wagen zurückzukommen – zieht's bereits bei der Karleralm oder spätestens vom Höhlensteinhaus natürlich nach Norden hinunter: Dort laufen sie auf einem Fahrweg – wieder meist im Bergwald, aber weniger steil und daher knieschonender – zurück nach Schneeberg und Vorderthiersee.

Der Wandabbruch des Pendling ist auf diesem Foto nur zu ahnen, der Kaiser auf diesem Ausschnitt nur der Zahme. Das Kufsteiner Haus besetzt *die* Aussichtskanzel über der »Perle am Inn«. Der Tiefblick ist wie das Studium einer Landkarte.

12 Brünnstein und Großer Traithen

Gratwanderung zwischen Inntal und Bayrischzell

BERGWANDERUNG
1852 m
Mit Kindern ab 12 Jahren
1 Tag

Talort: Oberaudorf (483 m), AP Ghs. Rosengasse (1200 m)

Charakter: Für geübte Geher einfache Bergwanderung auf einen schönen Aussichtsberg. Der direkte Gipfelanstieg auf dem Dr.-Julius-Mayr-Weg ist ein gut gesicherter, teils luftiger Klettersteig. Beste Zeit: Mitte Juni bis Ende Oktober.

Gehzeit: Aufstieg 3 Std., Abstieg 2 Std.

Hütten/Almen: Baumoosalm (1199 m, privat), Brünnsteinhaus (1342 m, DAV)

Verlauf: Ghs. Rosengasse – Baumoosalm – Seelacher Alm – Großalm – Brünnsteinhaus – Brünnstein – Seeonalm – Ghs. Rosengasse

Varianten: Ein sehr lohnender Abstecher ist die Kammwanderung vom Brünnsteinhaus zum Großen Traithen (1852 m), 2½ Std. von der Hütte. Eine andere Aufstiegsmöglichkeit zum Brünnsteinhaus beginnt beim Ghs. Tatzelwurm und führt über die Schoißeralm zur Hütte, 2½ Std.

Karte: BLVA UK L12, Mangfallgebirge, 1:50000

Bahn & Bus: BOB München – Bayrischzell, Bus Bayrischzell – A bzw. Rosengasse

Der Brünnstein (1619 m) ist geradezu ein Musterbeispiel eines bayrischen Vorgebirgsgipfels: Inmitten einer sanften Alm- und Waldlandschaft erhebt sich ein runder Gipfel, den zum Inntal hin eine steile Felsnase ziert – ein spielerisch alpiner Akzent in der lieblichen Wald- und Almlandschaft.

Ein Blick auf die Landkarte macht dem aufmerksamen Bergfreund schnell klar, dass er den Brünnstein an den meisten Tagen mit Gleichgesinnten teilen muss. Zu vielfältig sind die Möglichkeiten, den Gipfel zu erreichen, zu nah sind große Straßen und Orte, die vom Fremdenverkehr leben. Aber jeder, der den Brünnstein kennt, hat Verständnis, denn er weiß um die Reize dieser Bilderbuchlandschaft.

Gehen wir vom Gasthaus Rosengasse los, am Ende einer Zubringerstraße vom Tatzelwurm her, so kommen wir schon bald zur Rosengassenalm, wo sich der Weg gabelt. Wir folgen dem linken Steig, gelangen auf den Rücken der Gassenleite und queren in den reizenden Wiesenkessel der Baumoosalm hinein. Weil's gar so schön ist, lassen wir dort die Eiligen rechts auf dem direkten Weg zum Brünnstein rennen, während wir links, um Wald- und Wiesenbuckel herum, von einer Alm zur nächsten bummeln. Auf die Baumoosalm folgt die Seelacher Alm, dann die Großalm (1248 m) im Kessel zwischen Brünnsteinschanze und Brünnstein.

Eigentlich wollen wir ja auf den Gipfel, von dem uns noch knapp 400 Höhenmeter und eine kleine, nordseitige Felsbarriere trennen. Das Hindernis umgehen wir ganz einfach, indem wir durch die Nordflanke weit hinüberqueren, bis wir genau östlich unter dem Gipfel dessen Gratausläufer und mit einer scharfen Rechtswendung das nahe Brünnsteinhaus (1342 m) erreichen.

Mit der Brotzeit dort mag's jeder halten, wie er will – der Gipfel rennt ja nicht davon. Zwei Wege führen vom Haus in die Höhe: ein netter, bestens gesicherter Miniklettersteig, den keiner auslassen sollte, der schwindelfrei und trittsicher ist; und ein einfacher Fußweg, der auf den letzten Metern zur Gipfelkapelle allerdings auch durch Schrofengelände führt. Mit ganzen 1619 Metern Höhe kann der Brünnstein nicht protzen, umso mehr aber mit seiner Aussicht: Gegenüber bauen sich Zahmer und Wilder Kaiser auf, rechts davon drängeln sich die Kitzbühler Skibuckel, dahinter leuchten die Firngipfel der Hohen Tauern und der Zillertaler Alpen.

Um die Runde zu schließen, laufen wir beim Rückweg zur Himmelmoosalm und weiter zum kleinen Seeauge, an dem die Seeonalm steht. Oberhalb der Baumoosalm treffen wir auf unseren Anstiegsweg und stehen kurz darauf wieder in der Rosengasse.

Beim Brünnstein formen die kecken Schrofenzacken über einem Waldpelz und lieblichen Almweiden einen typischen bayrischen Voralpenberg. Auch die Gipfelkapelle und die Alpenvereinshütte gehören zu diesem Ensemble. Im Hintergrund der Wendelstein.

13 Der Breitenstein
Hoch überm Leitzachtal

BERGWANDERUNG
1622 m
Mit Kindern ab 8 Jahren
½ Tag

Talort: Fischbachau (772 m), AP Birkenstein (853 m)

Charakter: Gemütliche Bergwanderung ohne Schwierigkeiten. Besonders schön im Herbst.

Gehzeit: Aufstieg 2½ Std., Abstieg 1½ Std.

Hütten/Almen: Kesselalm (1278 m, privat, ÜN), Hubertushütte (1535 m, privat, ÜN)

Verlauf: Birkenstein – Kesselalm – Breitenstein

Variante: Abstieg nach Birkenstein über die Bucheralm, 1½ Std.

Winterwanderung: Die Straße bis zur Kesselalm ist im Winter eine beliebte Rodelbahn, die Kesselalm an schönen Wochenenden bewirtschaftet. Der Weiterweg auf den Gipfel hängt von der Schneelage ab.

Karte: BLVA UK L12, Mangfallgebirge, 1:50000

Bahn & Bus: BOB München – Miesbach (evtl. bis Geitau), Bus Miesbach – Birkenstein/Fischbachau

Neben dem prominenten Wendelstein gilt der nur 1622 Meter hohe Breitenstein nicht viel. Aber sein Schattendasein ist ihm gut bekommen: Wer heute aus dem Leitzachtal hinaufsteigt zum Breitenstein, der braucht keine Angst zu haben, einen Massenauftrieb von Wanderern zu erleben. Und ganz nebenbei ist bei dieser Tour bayrische Kunstgeschichte stets präsent: Gleich zu Beginn ganz unmittelbar beim Wallfahrtskirchlein Birkenstein mit seiner reizenden Rokoko-Ausstattung und den vielen Votivtafeln, später dann mehr aus der Distanz, wenn man zurückblickt ins Leitzachtal, wo einige der schönsten Bauernhöfe des Oberlands stehen.

Von droben sieht man noch mehr davon: zum Beispiel das Dörferl Kutterling drunten bei Bad Feilnbach, in dem vor der Wende zum 20. Jahrhundert Wilhelm Leibl gemeinsam mit seinem Freund Sperl malte, oder das reizende Rokoko-Kircherl von Berbling drüben überm Weitmoos, wo Leibl drei Jahre lang an seinem Hauptwerk, dem kleinen Ölbild »Frauen in der Kirche«, gearbeitet hat. Wer ein Fernglas bei sich hat, kann von dieser luftigen Aussichtswarte bayrische Kunstgeschichte studieren. Außerdem natürlich auch der Allerweltsberg Wendelstein mit seinem »High-Tech«-Gipfel.

Hinauf geht man am besten von Fischbachau (772 m) oder von Birkenstein (853 m), wo gleich neben dem Wallfahrtskircherl der markierte Weg beginnt und schnell in den Bergwald führt. In 1 Stunde ist man an der Kesselalm (1278 m). Man könnte dort schon brotzeitln, besser aber ist es, man sammelt Durst und Hunger und wandert noch ein Stück weiter. Am Schweinsberg entlang zum Sattel (1350 m) und links über eine Steilstufe hinauf zur bewirtschafteten Hubertushütte in 1535 Meter Höhe. Da darf man sich dann eine Halbe Bier erlauben, denn der Gipfel steht jetzt wirklich gleich hinterm Haus; länger als 20 Minuten geht niemand von dort bis zum Kreuz hinauf.

Abgestiegen wird auf demselben Weg oder, weil's mehr Abwechslung bietet, über die Bucheralm nach Birkenstein. Wie auch immer, eines sollte man nach dieser kleinen Vorgebirgswanderung nicht versäumen: die verbrauchten Kalorien auf der Stelle wieder »hereinzuholen«. Gediegen-bayrisch beim Oberwirt mit seiner guten Küche oder im für seine Kuchen berühmten Winklstüberl an der Straße nach Elbach (an schönen Sommertagen allerdings oft überfüllt).

Bei dieser Tour kann man sich übrigens jeden Stress auf der Autobahn oder im Stau ersparen, wenn man von München mit der Oberland-Bahn anreist: Die Strecke von der Haltestelle Geitau nach Birkenstein ist ideal zum Warmlaufen – und Auslaufen – geeignet.

Der berühmte Nachbar, der Wendelstein, zieht die Blicke aller Breitenstein-Besucher auf sich. Während dort Zahnrad- und Seilbahn für entsprechenden Rummel sorgen, bleibt am Breitenstein das Wandervolk unter sich.

14 Jägerkamp und Aiplspitze
Zwei stille Wege über Aurach und Leitzach

BERGWANDERUNG
1759 m
Mit Kindern ab 10 Jahren
1 Tag

Talorte: (A) Spitzingsee (1090 m), Seilbahn zum Taubensteinhaus
(B) Aurach (775 m)

Charakter: Einfache Bergwanderung, lediglich die Gipfelgrate auf die Aiplspitze erfordern Trittsicherheit. Beste Zeit: Frühsommer und Herbst.

Gehzeit: (A) Aufstieg 2½ Std., Abstieg 2½ Std.
(B) Aufstieg 4½ Std., Abstieg 2 Std.

Hütten: Schönfeldhütte (1410m, DAV)

Verlauf: (A) Taubensteinbahn – Bergstation – Rauhkopf – Schnittlauchmoosalm – Aiplspitze – Jägerkamp – Jägerbauernalm – Spitzingsattel
(B) Aurach – Aurachtal – Benzingalm – Jägerkamp – Aiplspitze – Aurachtal – Aurach

Karten: BLVA UK 2, Tegernsee – Schliersee und Umgebung, 1:25000; BLVA UK L12, Mangfallgebirge, 1:50000

Bahn & Bus: BOB München – Schliersee, Bus Schliersee – Spitzingsattel bzw. Bus Schliersee – Aurach

Schliersee und Spitzingsee, diese beiden Namen lassen beim Münchner Bergfreund die Alarmglocken schrillen: Autokolonnen, Abgasdunst und Touristenrummel unterscheiden sich hier an sonnigen Wochenenden kaum vom Treiben in der Großstadt – die Kulisse ist halt eine andere. Aber wer sich auskennt, weiß auch um ein ganz erstaunliches Phänomen: Gerade im Nahbereich touristischer Brennpunkte gibt es Gipfel, die scheinbar eine Tarnkappe tragen und deshalb von den meisten übersehen werden.

Der Jägerkamp (1746 m) und die Aiplspitze (1759 m), vom Tal her zwei stumpfe, latschenumgürtete Vorgebirgsgipfel, liegen trotz der »bedrohlichen Nähe« der Taubensteinbahn im touristischen Abseits. Zwei empfehlenswerte Anstiege – ein geruhsamer und ein sportlicher – auf die Gipfel über dem Spitzingsee seien hier vorgestellt. Um dem Ausflüglergewusel am See möglichst schnell zu entfliehen, benützt man am besten eine der Ursachen des Andrangs: die Taubensteinbahn.

Sobald man von der Bergstation nur ein paar Minuten in Richtung Rauhkopf (1689m) losmarschiert ist, wird es merklich stiller. Man ist noch frisch, muss sich auch bei der Überschreitung des Rauhkopfs keineswegs verausgaben und wandert, ohne allzu viele Schweißtropfen zu vergießen, zu den Wiesen um die Schnittlauchmoosalm. Kurz danach geht es rechts hinauf zur Aiplspitze, wo lediglich das nordseitige Wegstück ums Tanzeck herum und ein paar Meter am Gipfelgrat etwas Klettergeschick und Trittsicherheit verlangen. Schwindelfrei sollte man auch sein, obwohl einmal sogar ein Seil Halt für die Hände verschafft. Der Gipfel mit seiner südseitigen Wiesen- und Steintreppentribüne ist ein idealer Brotzeitplatz. Nach der Rückkehr vom Gipfel zum Tanzeck ist der Weiterweg am Benzingspitz vorbei zum Jägerkamp und dessen sehenswertem Gipfelkreuz völlig problemlos. Der Abstieg über die Jägerbauernalm hinunter zum Spitzingsattel ist ein kleiner, stiller Steig, der allerdings im Rummel endet.

Ein noch weniger begangener Weg auf die beiden Gipfel beginnt in Aurach. Sein Vorteil: Man muss sich gar nicht erst in das Getümmel am Spitzingsee stürzen. Sein Nachteil: Es geht viel weiter hinauf – knapp 1000 Höhenmeter! Erst auf einer Forststraße und dann auf einem kleinen gleichmäßig ansteigenden Pfad wandert man in den Kessel der kleinen, weltabgeschiedenen Benzingalm. Nun folgt man einem Pfad in westlicher Richtung und gelangt steil hinauf zu einem Sattel, hinter dem sich die Mulde der Jägerbauernalm öffnet. Über den Nordgrat geht es dann direkt auf den Jägerkamp. Wie beim ersten Routenvorschlag (nur in entgegengesetzter Richtung) wandert man anschließend hinüber zum Felsgipfel der Aiplspitze. Beim Abstieg am anfangs steilen und felsigen Nordgrat darf man sich keinen Fehltritt erlauben; dieser kleine Nerventest dauert allerdings nicht lang, weil der Steig schon bald in den Latschengürtel eintaucht. An einem Sattel zweigt rechts der Weg nach Geitau ab, links geht es im Zickzack den Hang hinunter und bald auf dem Anstiegsweg ins Tal. Wirtshäuser zum Durstlöschen stehen in Aurach ebenso wie in Geitau.

Die Gipfeletage der Aiplspitze: vorne die Schnittlauchmoosalm mit dem vom Rauhkopf kommenden Weg, darüber der Vorgipfel des Tanzeck, von dem der ausgeprägte Grat zum Gipfel zieht. Im Hintergrund reckt der Wendelstein sein Haupt in die Höhe.

15 Die Ruchenköpfe
Münchner Klettergarten überm Soinsee

KLETTERTOUR
1805 m
Mit Kindern ab 14 Jahren
1 Tag

Talort: Spitzingsee (1090 m), Seilbahn zum Taubensteinhaus

Charakter: Selbst der leichteste Anstieg auf die Ruchenköpfe durch die Schnittlauchrinne und über den Ostgrat erfordert Trittsicherheit. Klettergewandte Wanderer können sich auch am Westgrat (II, sehr glatter Fels) versuchen, vorausgesetzt, dass sie gut gesichert am Seil geführt werden. Alle anderen Anstiege sind Kletterrouten, die dem geübten Kletterer vorbehalten bleiben. Beste Zeit: Mitte Juni bis Ende Oktober.

Gehzeit: Aufstieg 2½–3 Std., Abstieg 2 Std.

Hütten/Almen: Taubensteinhaus (1567 m, DAV), Rotwandhaus (1737 m, DAV)

Verlauf: Taubensteinbahn-Bergstation – Miesingsattel – Kümpflscharte – Ruchenköpfe – Kümpflscharte – Rotwandhaus – Wildfeldalm – Spitzingsee

Karte: BLVA UK L12, Mangfallgebirge, 1:50000

Bahn & Bus: BOB München – Schliersee, Bus Schliersee – Spitzingsee

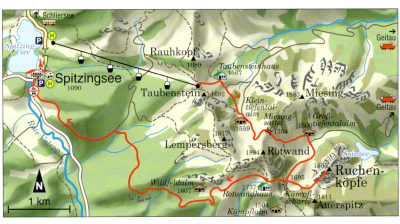

Die Ruchenköpfe (1805 m), von Westen her gesehen ein schroffer Kalkkamm, sind für die Münchner Klettergilde von jeher ein Anziehungspunkt gewesen. Und sie haben auch im Zeitalter des Sportkletterns mit Leistungsexplosion und phantastisch phantasievoller Namensgebung kaum an Attraktivität verloren. Im Gegenteil: Auch hier finden sich schwierigste Routen und es ist immer noch Raum für neue Anstiege.
Die große Verlockung der Ruchenköpfe sind aber weniger die extremen Routen als vielmehr die leichten und mittelschweren. Deshalb haben hier schon Generationen von Anfängern die ersten Schritte im Fels gewagt, Kinder ebenso wie Spätberufene. Der Vorteil dieses felsigen Naturklettergartens gegenüber den künstlichen Kletterwänden mit angeschraubten Griffen ist offensichtlich: Hier sind bei der Suche nach Tritten und Griffen die Augen und die Phantasie gefragt! Manchmal – vor allem im Frühsommer und Herbst – muss man bei der einen oder anderen Route schon einmal anstehen; aber was soll's: Gerade die Hektik des Alltags sollte man ja in der Freizeit vergessen können …

Vor dem Klettergenuss steht der Schweiß bzw. der Weg zum Einstieg am so genannten Brotzeitfelsen. Für Kletterer sicher die interessanteste Möglichkeit ist gleichzeitig auch die kürzeste: mit der Seilbahn vom Spitzingsee zum Taubenstein, dann zu Fuß ein Stück die berühmte Rotwand-Reib'n in Gegenrichtung über Kleintiefental, Miesingsattel und Großtiefental auf die Südseite des Westgrats. Nach allerhöchstens 2 Stunden sitzen wir auf dem Brotzeitfelsen, schieben uns genüsslich die Radischeiben in den Mund und schauen dem Treiben am Westgrat und in der Südwand zu. Für den Kletterer bestehen die Ruchenköpfe nur aus dem Westgrat, der Westwand und der Südwand; das andere zählt nicht.

Die klassische Münchner Erstlingstour ist der Westgrat, »mäßig schwierig« (II) nach der Alpenvereinsskala. Die Stationen dort kennt jeder: die 12 Meter hohe Einstiegsverschneidung, wo man das Spreizen übt, der vielzackige ausgesetzte Grat, wo man »Luft« kennen lernt und aufrechtes, sicheres Gehen, die schöne große Platte nach dem Spalt zum Grat zurück mit Griffen wie Bierhenkel, der enge Kamin mit den Klemmblöcken, das berüchtigte »Fensterl«, ein schräger, blankpolierter Durchschlupf, und dann die beiden hübschesten Stellen, das griffige, aber steile Zehn-Meter-Wandl zur ausgesetzten Kante und die fünf Schritte über den »Weiberschreck« (70 Meter senkrecht überm Kar!).

Die ganze Sache hat allerdings an Schrecken verloren, seit man sich an einigen entscheidenden Stellen auch an einem Drahtseil festhalten kann.

Einen schneidigen Felszacken formen die Ruchenköpfe, wenn man sie von Südwesten betrachtet. Der Westgrat trennt auf dem Foto die sonnige West- von der im Schatten liegenden Südwand.

16 Auf die Rotwand

Klassischer Münchner Hausberg über dem Spitzingsee

BERGWANDERUNG
1884 m
Mit Kindern ab 12 Jahren
1 Tag

Talort: Spitzingsee (1090 m)

Charakter: Sehr beliebte Bergwanderung ohne jede Schwierigkeit. Beste Zeit: Mitte Juni bis Ende Oktober.

Gehzeit: Aufstieg 2½ Std., Abstieg 2½ Std.

Hütten/Almen: Rotwandhaus (1737 m, DAV)

Verlauf: Spitzingsee – Wildfeldalm – Rotwand – Rotwandhaus – Kümpflscharte – Kümpflalm – Pfanngraben – Waitzingeralm – Spitzingsee

Varianten: Wesentlich einsamer sind die Anstiege von Geitau auf die Rotwand. Man steigt entweder über die Kleintiefentalalm oder über den idyllischen Soinsee und die Großtiefentalalm auf, jeweils 3½–4 Std. Am schnellsten erreicht man die Rotwand von der Bergstation der Taubensteinbahn, 1½ Std.

Winterwanderung: Zwar ist die Rotwand-Reib'n eine klassische Skitour, aber in schneearmen Wintern sind auf der genannten Route vermehrt auch Wanderer unterwegs. Allerdings kein Abstieg durch den Pfanngraben! Ab Mitte Dezember ist das Rotwandhaus bewirtschaftet.

Karte: BLVA UK L12, Mangfallgebirge, 1:50 000

Bahn & Bus: BOB München – Schliersee, Bus Schliersee – Spitzingsee

Welcher Münchner Bergfreund kennt sie nicht, die Rotwand? Im Frühjahr 2002 war in der »Süddeutschen Zeitung« zu lesen, dass es am Gipfel »an schönen Wochenenden beängstigend eng« werde. Der Autor des Artikels verrät damit zweierlei: Er war offensichtlich noch nie an einem Traumsonntag auf der Rotwand und er neigt zu maßlosen Übertreibungen. Sie hat ihren Ruf weg, die Rotwand – als überlaufener Allerweltsberg, als Rummelplatz. Die Wirklichkeit sieht jedoch anders aus: Um einen Gipfelplatz raufen muss man trotz großer Beliebtheit hier auf keinen Fall. Selbst wenn ein paar hundert Leute an einem schönen Herbstsonntag zur Rotwand pilgern (sollten), dann treffen ja nicht alle gleichzeitig am Gipfel ein! Am Beispiel der Rotwand lässt sich gut veranschaulichen, dass der Begriff »Masse« nicht absolut zu verstehen ist! Auf die Rotwand leiten viele Wege. Als klassisch darf der – inzwischen zur Almstraße ausgebaute – Rotwandweg von der Wurzhütte über Winterstube, Gleiselstein und Wildfeldalm gelten: Da öffnet sich nach 15 Minuten rechts der Blick zum grünen Stolzenberg, nach der Abzweigung bei der Winterstube rückt bald der Schinder ins Blickfeld, wenig später der wuchtige Guffert, und bei der großen Linkswendung am Eck des Gleiselsteinhangs taucht plötzlich das Hintere Sonnwendjoch auf. Wesentlich einsamer ist der Weg von Geitau-Mieseben durchs Krotten- und Kleintiefental und vom Miesingsattel auf exponiertem Steiglein über den Nordgrat direkt zum Gipfel (wo erst auf den letzten Metern sichtbar wird, was man am Rotwandweg schon Stunden sieht).

Abstieg allerdings sollte es nur einen geben: vom Rotwandhaus über Kümpflscharte und Kümpflalm südwärts hinunter in die Parklandschaft des oberen Pfanngrabens und dann in seine Klammen, Gumpen und Griesbecken. Wer von alpiner Romantik keine Vorstellung hat, der lernt sie hier kennen! Glücklich der, der hier an einem Sommertag noch Zeit hat, die Hitze des Tages in den Sitz-, Liege und Stehbadewannen des Gumpenbachs zu verbummeln. Der Abstieg durch den Pfanngraben endet an der Valepper Straße bei der Waitzingeralm. Von dort kann man in 45 Minuten (nicht auf der Teerstraße, sondern auf einem Wanderweg auf der anderen Seite des Baches) zum Spitzing hinauflaufen oder mit dem Pendelbus Valepp – Spitzingsee zum Ausgangspunkt gelangen.

Wenn ein Berg wie die Rotwand als Inbegriff des Münchner Hausbergs gilt, dann auch – oder vor allem – deshalb, weil in Gipfelnähe mit dem Rotwandhaus ein richtiges Wirtshaus steht (am linken Bildrand). Das Luftbild zeigt die Flanke über dem Großtiefental und einen Ausschnitt des großartigen Gipfelpanoramas, mit der Zugspitze als Blickfang am Horizont.

17 Die Brecherspitze
Wahrzeichen über dem Schliersee

BERGWANDERUNG
1683 m
Mit Kindern ab 10 Jahren
½ Tag

Talort: Neuhaus (801 m)

Charakter: Reizende Vorgebirgswanderung, für trittsichere Geher ohne Probleme. Beste Zeit: Anfang Juni bis Ende Oktober.

Gehzeit: Aufstieg 2½ Std., Abstieg 2 Std.

Hütten/Almen: Ankelalm (1311 m, privat)

Verlauf: Neuhaus – Ankelalm – Brecherspitze – Freudenreichalm – Dürnbachtal – Neuhaus

Variante: Beliebt ist der Anstieg vom Spitzingsattel über die Obere Firstalm auf die Brecherspitze, 2 Std.

Karten: BLVA UK 2, Tegernsee – Schliersee und Umgebung, 1:25 000; BLVA UK L12, Mangfallgebirge, 1:50 000

Bahn & Bus: BOB München – Schliersee – Neuhaus

Es gibt alpinistisch unbedeutende Berge, die einem in Verbindung mit einer kleinen Anekdote auf ewig in Erinnerung bleiben. Wenn wir mit unserem Vater auf die Brecherspitze (1683 m) marschierten, durften wir uns jedenfalls immer wieder über folgende Geschichte amüsieren: »Als mein Münchner Vorstadt-Skiklub 1924 seine Skihütte am Spitzingsee baute, hatte ich als jüngster Lastenträger allerlei Einrichtungsgegenstände die alte Spitzingstraße hinaufzuschleppen: unter anderem auch die Hauptapparatur des so genannten stillen Örtchens. Ein wenig beschämt, ein wenig ärgerlich stellte ich das schwere Ding damals am Spitzingsattel ab und machte eine Erstbesteigung. Das bildete ich mir, der kaum erst ins Gebirge geschmeckt hatte, zumindest ein. Stieg also vom Sattel weg den damals weglosen, steilen und an einer Stelle von Felsen unterbrochenen Felsgrat direkt zum Gipfel der Brecherspitze hinauf, oft nur eine Latschenwurzel als Griff benützend, rannte jenseits den Nordgrat halb hinunter, drehte nach rechts zu den Sandreißen ab und war nach guten 1½ Stunden wieder vor meinem Apparat: müde, durchnässt, glücklich und obendrein mit einer guten Ausrede für den wartenden Herrn Vorstand.«

Die Brecherspitze wird vom Riesenheer der Spitzingsee-Ausflügler kaum beachtet. Das ist reizend von diesen Leuten. Das erlaubt uns Münchner Bergwanderern, den Wagen gleich neben dem Fischhauser St.-Leonhards-Kircherl beim Bahnhof abzustellen (falls man nicht sowieso mit der Oberlandbahn über Holzkirchen anreist). Nach 20 Minuten ist man im Ankelgraben und steigt durch steilen Wald hinauf zur Ankelalm in das lang gestreckte Hochkar. Dort tritt der Wald zurück, grüne Almflanken, Latschenfelder und darüber spitze Grate schließen sich zu einer Idylle zusammen. Der Weg führt nun nach links zum Grat hinauf, und drüben sieht man hinunter zur Spitzingstraße. Bald wird der runde Grat steiler, bis man schließlich über kleine Felsstufen leicht zum Gipfel hinauf steigt: 2½ Stunden. Gerade noch, dass die Latschen den Gipfel frei lassen. Gemütlich kann man von hier das Treiben zwischen Wurzhütte, Spitzingsattel und Firstalm beobachten, natürlich hinüberschauen zu den alten Bekannten ringsum und zu den Firnriesen der Hohen Tauern und der Zillertaler Alpen.

Wenn man sich satt gesehen hat, reizt der schmale Grat zum Wintergipfel hinüber zum Weitersteigen – ein paar Mal darf man sich da auch festhalten. Kurz unter dem Wintergipfel erreicht man die Bergstation eines Skilifts, der wohl seit seiner Erbauung auch im Winter mehr Grün als Weiß gesehen hat und ein Paradebeispiel für fehlgeleiteten Erschließungsehrgeiz ist.

Deshalb ein guter Tipp: Gleich unterhalb der Bergstation des Schlepplifts führt ein schöner Steig nach Norden an der Freudenreichalm vorbei zum Kühzaglweg hinunter. Dann geht's sanft und schattig durch das Dürnbachtal bis zum Bahnhof von Neuhaus zurück: Hier ist der Parkplatz und ein Wirt, der dem verschwitzten Wanderer ganz schnell eine kühle Maß bringt.

Wie ein Hufeisen umschließt der lange, teilweise felsige Gipfelgrat der Brecherspitze den Kessel der Ankelalm. Beim Übergang vom Haupt- zum Wintergipfel marschiert man direkt auf die Bodenschneid zu, hinter der Setzberg, Buchstein und Wallberg hervorspitzen.

18 Das Hintere Sonnwendjoch

Aussichtskanzel zwischen Valepp und Landl

BERGWANDERUNG
1986 m
Mit Kindern ab 12 Jahren
1 Tag

Talorte: (A) Landl (685 m), AP Ackernalm (1330 m, Mautstraße von Landl)
(B) Enterrottach (790 m), AP Ghs. Valepp (890 m)
(C) Bayrischzell (800 m), AP Ghs. Zipflwirt (835 m)

Charakter: (A) und (B) einfache Bergwanderungen ohne jede Schwierigkeit, für (C) Trittsicherheit und gute Kondition notwendig. Beste Zeit: Mitte Juni bis Ende Oktober.

Gehzeiten: (A) Aufstieg 2 Std., Abstieg 1 Std.
(B) Aufstieg 3½ Std., Abstieg 2 Std.
(C) Aufstieg 4½ Std., Abstieg 3 Std.

Hütten: keine

Verlauf: (A) Ackernalm – Bärenbadalm – Hinteres Sonnwendjoch – Frommalm – Ackernalm
(B) Valepp – Bärenbadalm – Hinteres Sonnwendjoch
(C) Zipflwirt – Hintertoralm – Wildenkaralm – Hinteres Sonnwendjoch

Variante: Ein sehr einsamer Weg beginnt 500 m südlich der ehemaligen Grenzstation am Ursprungpass. Er führt in 4 Std. über die Schönfeldalm und die Wildenkaralm zum Hinteren Sonnwendjoch.

Karten: BLVA UK L12, Mangfallgebirge, 1:50000; ÖK 89, Angath, 1:50000

Bahn & Bus: BOB München – Schliersee, Bus Schliersee – Spitzingsee, Bus Spitzingsee – Valepp

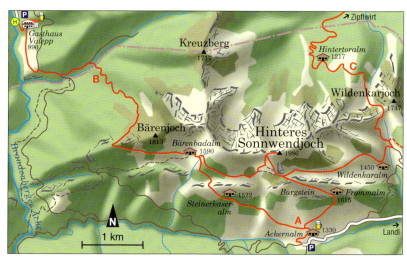

Schaut man von der Rotwand zum Hinteren Sonnwendjoch (1986 m) und sieht man dahinter die Firngipfel des Alpenhauptkamms blinken, ist die Neugier schon geweckt und der nächste Gipfel beschlossene Sache. Nicht einmal die wenig einladende Nordflanke lässt Zweifel am Entschluss aufkommen. Umso besser, wenn man erfährt, dass sich hinter diesem unnahbaren Fels- und Schrofenkoloss eine sanfte, leicht zu ersteigende Seite verbirgt.

Auf drei interessanten Anstiegen lässt sich das Sonnwendjoch »packen«. Am einfachsten von der Ackernalm, weil die sich mit dem Auto über eine schmale asphaltierte Mautstraße von der Wachtbrücke bei Landl her ansteuern lässt und bereits 1330 Meter hoch gelegen ist. 1½ bis höchstens 2 Stunden steigt man dort vom Sattel zwischen Stallenbach- und Marchbachtal, über die warme Südflanke zum Gipfel. Die Direttissima führt über zwei Mini-Felsriegel und die Frommalm zum Gipfel (dieser Pfad ist jedoch nicht markiert!). Als Aussichtswarte ist das Hintere Sonnwendjoch erste Wahl – vor allem im Herbst, wenn eine beständige Inversionslage Kälte und Abgase im Tal und Flachland unten hält und wenn über München ein stabiler Nebeldeckel Smogwarnung auslöst. Das wissen natürlich die Münchner – dementsprechend frequentiert können dann die Wanderwege sein.

Ruhiger als am Weg von der Ackernalm geht's garantiert auf den beiden Alternativen zu. Bei der ersten überquert man vom Valepper Forsthaus aus nach ein paar hundert Metern den Enzenbach und die Landesgrenze, um dann steil in vielen Kehren in Richtung Bärenjoch hinaufzusteigen. Den höchsten Punkt umgeht man westseitig, passiert die Bärenbadalm und marschiert erst flach, später steiler über die Südhänge zum Gipfel des Sonnwendjochs.

Aber der »weitsichtige« Berg hat einen weiteren, vielleicht den interessantesten Aufstieg zu bieten. Eine gute Kondition sollte man allerdings schon haben für den 4–5 Stunden dauernden Aufstieg vom Zipflwirt (an der Straße von Bayrischzell nach Landl). Von dort geht es durch die einsame Kloaschau und über die Hintertoralm (1217 m) zum Wildenkarjoch (1620 m) und weiter zum Gipfel.

Wer die harmlose Südflanke genauer betrachtet, erhält dabei eine köstliche kleine geologische Lektion: Die große Wiesenflanke wird von zwei Felsrippen unterbrochen, und besonders an der oberen wiederholt sich augenfällig der Aufbau des gesamten Berges im Miniaturformat. Man kann sich dabei gut vorstellen, wie sich hier vor Jahrmillionen die Schichtplatten wie Schuppen übereinander geschoben haben.

An klaren Herbsttagen lässt sich vom Hinteren Sonnwendjoch die großartige Parade der Tauerngipfel zwischen Hohem Tenn (links) und Großvenediger abnehmen. Deren Höchster steht genau in der Mitte: der Großglockner.

19 Neureut und Gindelalmschneid
Tiefblick in große Historie und in einen Maßkrug

WANDERUNG
1335 m
Mit Kindern ab 8 Jahren
1 Tag

Talort: Tegernsee (749 m)

Charakter: Neben dem Blomberg die einfachste Wanderung dieses Buches, bei 4–5 Std. Gesamtgehzeit aber nicht die kürzeste. Am schönsten im September und später.

Gehzeit: Aufstieg 2½ Std., Abstieg 2½ Std.

Hütten/Almen: Neureuthaus. (1263 m, privat), Gindelalm (1242 m, privat, ÜN), Kreuzbergalm (1223 m, privat)

Verlauf: Tegernsee – Neureut – Gindelalmschneid – Alpbachtal – Tegernsee

Winterwanderung: Die Neureut ist eine beliebte Winterwanderung, allerdings wählen die meisten den im Winter geräumten und als Rodelbahn genutzten Fahrweg als Anstiegsroute.

Karte: BLVA UK 2, Tegernsee – Schliersee und Umgebung, 1:25 000; BLVA UK L12, Mangfallgebirge, 1:50 000

Bahn & Bus: BOB München – Tegernsee

Sie gilt unter uns Münchnern als »Schwammerltour«: vom Bahnhof Tegernsee weg den Berg hinauf, am Schererhof Olaf Gulbranssons vorbei, übers lange Wiesenviereck zum Neureuthaus, weiter zum hohen Kamm der Gindelalmschneid in 1335 Meter Höhe, dann »gaach« hinunter zur Kreuzbergalm und, bald vom Alpbach begleitet, den alten Prinzenweg hinaus nach Tegernsee zurück. Das dauert bei gemütlichem Tempo fast 5 Stunden.

Was sieht man auf dieser »grüabigen« Tour alles, wenn man nur die Augen offen hat und den Verstand parat! Da ist der blaue See, von den Moränenwellen bei Gmund viele Jahrtausende hochgestaut, bis die kleine Mangfall ihren Ausgang gefunden und ausgeräumt hatte. Da ist das mächtige Viereck des Schlosses, einst das weitaus bedeutendste Kloster Bayerns, 746 gegründet und ums Jahr 900 mit Besitzungen in Südtirol und Niederösterreich und 11 000 dazugehörigen Bauernhöfen eine Macht, nicht nur Kaiser und Kirche verpflichtet … Da ist die Erinnerung an das heitere Leben in der einstigen Sommerfrische, das die Münchner Künstler – von Thoma bis Courths-Mahler – angezogen hat, andererseits auch das Wissen, dass sich nach den Wirtschaftswunderjahren viele Großkopferte – Politiker, Banker und Immobilienmakler – »im Tal« zusammengefunden haben. Und da sind die Berge ringsum, die der Hofmaler v. Kobell so hinreißend biedermeierlich gemalt hat, da sind die frechen Zacken von Blankenstein, Riederstein und Leonhardstein, da sind die hohen Almböden, die mächtigen Forste und Reviere, und natürlich immer und überall die frischen Wasser.

Wenn man sich ein wenig mit Tegernseer Geschichte befasst – man muss nicht gleich nach dem Ende der Eiszeit beginnen, die den Gletscher bis Gmund vortrieb, aber nur 600 000 Jahre dauerte – und dabei auch einige Kapitel Kulturgeschichte studiert hat, sieht man halt, vor dem Neureuthaus stehend, »allerhand«, wie der Münchner sagt. Man mache nur nicht den alten Fehler und erzähle den Kindern davon: Jeder Pädagoge straft sich da nur selbst, denn die Kinder sehen nur den Weg und das Vorne, und Steine zum Platteln oder Hinunterschmeißen, und die Fische im Alpbach.

Man muss so dahingehen, den Kindern die Nähe lassen und selber das Weitere sehen, vielleicht von der Gindelalmschneid aus das schöne Oberland mit den prächtigen Höfen und Zwiebeltürmen oder unten die Kur- und Touristenorte mit dem bäuerlich jagerischen Einschlag, der zu viel Eleganz, zu viel Mode und zu viel Gesellschaftsgetue mit Gelassenheit registriert. Man wandert nur so dahin und sammelt genau die Portion Durst und Appetit, die man unten im Tegernseer Bräustüberl im Schloss, das früher Kloster war, für den Radi, den Weißlacker und das Bier braucht. Hier sitzt man in der Mitte altbayrischer Gemütlichkeit. Das ist schön. Prost, Herr Nachbar! Auch auf Ihr Wohl!

Über eine leicht ansteigende Wiese führt das letzte Wegstück zur sanften Gipfelkuppe der Neureut, wo der Wirt auf durstige und hungrige Besucher wartet.

20 Schinder und Schinderkar
Vom Forsthaus Valepp über die Trausnitzalm

BERGWANDERUNG
1808 m
Mit Kindern ab 12 Jahren
1 Tag

Talort: Enterrottach (790 m), AP Johannisbrücke, 500 m nördlich vom Forsthaus Valepp (Mautstraße von Enterrottach)

Charakter: Einfache Bergwanderung, für trittsichere Geher ohne Probleme. Vorsicht lediglich beim Abstieg zum Schindertor und die ersten Meter ins Kar, teilweise Drahtseile vorhanden. Beste Zeit: Mitte Juni bis Ende Oktober.

Gehzeit: Aufstieg 2½ Std., Abstieg 2 Std.

Hütten/Almen: Trausnitzalm (1435 m, privat, Getränke, an manchen Tagen auch Gebäck)

Verlauf: Johannisbrücke – Trausnitzalm – Schinder – Schinderkar – Schlagalm – Johannisbrücke

Besonderer Hinweis: Im Schinderkar bis ins späte Frühjahr Schneefelder!

Karten: BLVA UK 2, Tegernsee – Schliersee und Umgebung, 1:25 000; BLVA UK L12, Mangfallgebirge, 1:50 000

Bahn & Bus: BOB München – Schliersee, Bus Schliersee – Spitzingsee, Bus Spitzingsee – Valepp

Wer jemals den Rotwandweg vom Spitzingsee aus aufgestiegen ist, hat den Schinder (1808 m) schon nach 30 Minuten gesehen: Rechts drüben im Süden, dem mächtigeren Guffert vorgelagert, steht ein riesiges Kar, wie ein Amphitheater unter dem vielgipfeligen Halbrund eines felsigen Kammes ausgebreitet. Der optische Akzent an dieser Gipfelrunde ist eine tief eingerissene Scharte, genau in der Mitte: das berühmte – oder auch berüchtigte – Schindertor.

Dieses Schindertor liegt also in der Mitte über dem Riesenkar und zugleich zwischen den beiden Gipfeln: dem Bayrischen (1796 m) und dem Österreichischen Schinder (1808 m). Aber erst muss man hinaufwandern, und zwar am besten vom Forsthaus Valepp aus (immer noch ein nettes Platzerl, aber nicht mehr so einsam wie früher). Schon 500 Meter vorher, an der Johannisbrücke, können wir den Wagen stehen lassen. Dann gehen wir einige Meter westwärts, bis uns ein Hinweisschild »Zum Schinder« hinaufschickt in den Bergwald des Brennerecks. Hoch über der Valepp und dem Forsthaus steigen wir nach Süden an, gelangen nach einem Eck in den Enzengraben, überqueren bald darauf die Grenze und stehen nach gut 1½ Stunden an der Trausnitzalm, haben also schon fast 600 Höhenmeter geschafft.

Jetzt ziehen Guffert und Rofan unsere Blicke auf sich, wenn wir uns, an einer Quelle vorbei, steil zum Südostkamm hinaufplagen und selten jemandem begegnen, mit dem wir die Plage teilen könnten. Aus dem Kamm wird bald ein Grat, und nach einer weiteren Stunde stehen wir endlich auf dem Österreichischen Schinder, um festzustellen, dass er seinen Namen vollauf verdient. Man sieht tausend Gipfel – und genießt doch am meisten die Einsamkeit, wenn man, faul hingestreckt, spürt, wie die Zeit nicht mehr rast, sondern stillzustehen scheint ...

Der Abstieg wird – versprochen! – so interessant, wie der Aufstieg – an heißen Tagen – anstrengend war; schon der steile Latschenschluf die Südflanke hinab zum Schindertor taucht unvermittelt auf – und ist eine Vorübung für das nächste Wegstück. Dann stehen wir im Tor wie unter Kirchtürmen und blicken hinab in den Karschatten. Für die Wadln und die Nerven folgen jetzt die entscheidenden Meter, denn nun geht es in etwas brüchigem Fels, aber mit einem Drahtseil zum Festhalten bergab bis zu einem kaminartigen Felsloch, das den Durchstieg ins eigentliche Kar erlaubt. Ein weiteres Drahtseil und ein paar Eisenstifte helfen über diese Schlüsselstelle der Tour hinweg. Die ganze Anspannung löst sich wenige Meter weiter auf, wenn man auf der langen Schuttreiße in die Tiefe fährt, dass es nur so staubt – wenn man's kann. Bei einem Blick zurück wird alles klar: Hier hinauf, selbst auf dem befestigten Weg – das wär' ein Schinder! In der Gegenrichtung allerdings ist dieses Unternehmen eine echte Genusstour!

Durch den romantischen Karboden mit alten Ahornbäumen bummeln wir dann hinaus zur Schlagalm und weiter zur Valepper Straße. Man erreicht sie westlich der Abzweigung des Anstiegs. Die asphaltfreie Alternative biegt bei einer Hinweistafel kurz vor der Schlagalm nach rechts ab, führt im Wald zu einer Forststraße und auf ihr direkt zum Parkplatz zurück. Im Forsthaus Valepp kann man die vollbrachte Plage mit einer Brotzeit rächen oder aber rechts und links des Valepper Baches in versteckten Gumpen baden.

Österreichischer (links) und Bayrischer Schinder umrahmen das Schinderkar. Vom Gipfel des Österreichischen Schinder kommend, gelangen Bergwanderer durch den Einschnitt des Schindertors (rechts) zu den gewaltigen Schuttreißen, über die man in den grünen Talboden abfahren kann.

21 Auf den Schildenstein
Durch die Wolfsschlucht zur Königsalm

BERGWANDERUNG
1613 m
Mit Kindern ab 12 Jahren
1 Tag

Talort: Kreuth (772 m), AP Wildbad Kreuth (805 m)

Charakter: Der Anstieg durch die Wolfsschlucht erfordert Trittsicherheit; teilweise Drahtseile. Der Weg über die Geißalm ist ohne Schwierigkeiten. Beste Zeit: Mitte Juni bis Ende Oktober.

Gehzeit: Aufstieg 3 Std., Abstieg 2 Std.

Hütten/Almen: Siebenhütten (836 m, privat), Königsalm (1114 m, privat)

Verlauf: Wildbad Kreuth – Siebenhütten – Wolfsschlucht – Schildenstein – Königsalm – Geißalm – Wildbad Kreuth

Karten: BLVA UK 2, Tegernsee – Schliersee und Umgebung, 1:25 000; BLVA UK L12, Mangfallgebirge, 1:50 000

Bahn & Bus: BOB München – Tegernsee, Bus Tegernsee – Wildbad Kreuth

Nicht nur für mehr oder weniger wichtige Politprominenz der »staatstragenden« bayrischen Partei ist das romantisch gelegene Wildbad Kreuth ein Anziehungspunkt. Auch der Münchner Bergsteiger ist da öfter zu sehen, allerdings mit anders gearteten Interessen: Von Wildbad Kreuth kann man auf eine ganze Reihe schöner Gipfel steigen, zum Beispiel auf den Schildenstein (1613 m).
Von den Badeanlagen, die König Max von Bayern 1822 anlegen ließ, verlassen wir das parkartige Gelände auf einem Spazierweg, der am Ufer der Hofbauernweißbach fast eben nach Siebenhütten zieht – ideal, um sich gemütlich warmzulaufen. Ein Stopp in der Wirtschaft des idyllischen Almenensembles käme ebenso zu früh wie kurz darauf – Achtung: Abzweigung südwärts auf gutem Steig – eine Rast am so schönen, von Ahornen umstandenen Almboden.
Danach führt der Weg in die Große Wolfsschlucht hinein. Wie eine Mauer schließt der Zug zwischen Blaubergen und Schildenstein das Tal ab. In steilen Gräben und über felsige Stufen sprudeln die Bergbäche herunter, Wasserfallduschen und Badewannengumpen locken zum Abkühlen ...
Nach den heiteren Wasserspielen folgt der Ernst, und weil ein paar besonders Wagemutige immer wieder die Flanke unter- und ihr Leistungsvermögen überschätzen, befindet sich am Beginn des steilen Anstiegswegs ein Warnschild: »Nur für Geübte!« Wo ein Flachlandwanderer niemals einen Weg vermuten würde, windet sich ein Pfad über einen steilen grünen Sporn in die Höhe. Anstrengend sind diese 500 Höhenmeter; wer ausreichend trainiert ist, schafft das in gut 1 Stunde, man darf aber auch länger brauchen. Schwindelfrei muss man in jedem Fall sein, denn ab und zu geht's vom Wegrand recht »gaach« in den Abgrund. An den besonders ausgesetzten Stellen sind Drahtseile zum Festhalten angebracht.
Ganz überraschend mündet der aufregende Wegabschnitt oben in den sanften Waldpark der Scharte zwischen Schildenstein und Blaubergkamm. Wir wenden uns nach rechts und bummeln in zehn Minuten an den Fuß des Gipfelaufbaus, dann geht's die letzten 50 Meter steil zum Gipfelkreuz in 1613 Meter Höhe hinauf. Im Süden haben wir ganz nah den Guffert vor Augen; ein Stück weiter rechts blinkt der Achensee zwischen Rofan- und Karwendelflanken wie ein nordischer Fjord; das ganze östliche Karwendel liegt da wie zum »Aufblatteln«; weit hinten stehen Tuxer und Zillertaler Eisgipfel; im Norden schauen wir zum Tegernsee und bewundern jenseits des Tals das Brüderpaar Roß- und Buchstein.
Beim Abstieg nach Norden über den Graseckkamm liegt links unten die Königsalm, deren Besuch schon vor 150 Jahren zum Pflichtprogramm der Kurgäste des Wildbades Kreuth gehörte – also leisten wir uns gern einen kurzen Abstecher vom direkten Weg. Der lange Holzblockbau (angeblich 1723 aufgezimmert) gilt als die größte historische Almhütte im Landkreis Miesbach. Das schöne Kavalierhaus daneben ließ 1818 wiederum König Max I. errichten, der häufig selbst auf seine Alm gekommen ist. Und was ist von der Romantik auf der Alm, die die Menschen damals so faszinierte, heute geblieben? Nostalgie – oh, mei ...
Über die Geißalm und durch die Flanke des Gernbergs laufen wir wieder ins Tal.

Der Schildenstein über dem parkartigen Gelände von Geißalm (links) und Königsalm (das lange Gebäude rechts). Vorne hat der kleine Klammbach einen eindrucksvollen Graben in die Bergflanke gerissen.

22 Risserkogel und Blankenstein
Ungleiches Paar über der langen Au

BERGWANDERUNG
1826 m
Mit Kindern ab 12 Jahren
1 Tag

Talort: Rottach-Egern (731 m), Seilbahn zum Wallberg-Hotel

Charakter: Der Risserkogel, mit 1826 m höchster Tegernseer Gipfel, ist sehr einfach zu besteigen. Der Blankenstein ist ein reiner Klettergipfel, der Fels am Normalweg (Westanstieg, II) ist stark abgegriffen und sollte nicht unterschätzt werden. Beste Zeit: Mitte Juni bis Ende Oktober.

Gehzeit: Aufstieg 2 Std., Abstieg 2½ Std.

Hütten/Almen: Wallberghaus (1512 m, privat, ÜN)

Verlauf: Wallberg-Hotel – Wallberghaus – Grubereck – Risserkogel – Riedereckalm – Hufnagelstube (Bus nach Rottach-Egern)

Varianten: Die Hufnagelstube kann man auch erreichen, indem man vom Risserkogel entweder über die Röthensteinalm oder die Blankensteinalm absteigt. Auf einer geteerten Forststraße treffen sich alle drei Wege und führen gemeinsam zur Bushaltestelle.

Karten: BLVA UK 2, Tegernsee – Schliersee und Umgebung, 1:25 000; BLVA UK L12, Mangfallgebirge 1:50 000

Bahn & Bus: BOB München – Tegernsee, Bus Tegernsee – Wallbergbahn bzw. Bus Tegernsee – Enterrottach

Das Tegernseer Tal, einst Sommerfrische des bayrischen Königshauses, von Adel, Dichtern, Künstlern und Großbürgertum, stellt heute zweifellos einen der touristischen Brennpunkte in den bayrischen Alpen dar. Zur Infrastruktur von Rottach-Egern gehören daher nicht nur elegante Nobelhotels (und mit der neuen »Überfahrt« auch ein architektonisch misslungenes) sowie (zu) viele Zweitwohnungen, sondern auch die in die Jahre gekommene Bergbahn auf den Wallberg, das alpine Wahrzeichen des Tals. Die technischen Anlagen der Bahn lassen Rückschlüsse auf ihr hohes Alter zu, wenn auch die Gäste mittlerweile in moderneren Gondeln in die Höhe schweben. Zeitgemäß präsentiert sich oben auch ein Ausflüglerrestaurant.

Durch die Bergbahn zur Gehfaulheit verleitet, beenden am Wallberg die allermeisten Ausflügler ihren Spaziergang von der Bergstation aus schon nach 200 Metern bei der kleinen Wallbergkapelle oder ein paar Minuten weiter beim Wallberghaus (1512 m). Eine ¼ Stunde später, gleich hinter dem Setzberg, sind Bergwanderer garantiert unter sich: Hier beginnt der lange Verbindungsgrat zum Risserkogel als zunächst flach ansteigender, grüner Kamm, ab dem Grubereck dann als sich etwas mehr zuschärfender Schrofengrat.

Vom Grubereck an ist das Leben zünftig, links unten wartet der kleine runde Röthensteiner See, rechts unten rauscht die Weißach durchs Kreuther Tal. Beim letzten steileren Wegstück zum Risserkogel beruhigen dichte Latschenflanken zu beiden Seiten des Grats schwache Nerven; an kurzen, absolut harmlosen Felsstufen sind sogar Drahtseile angebracht. Nach zügigen 1½ oder gemütlichen 2 Stunden genießt man auf dem Risserkogel meist die große Stille. Erst an klaren Herbsttagen finden mehr Leute hierher. Der Blankenstein und seine pralle Südwand liegen jetzt zu unseren Füßen, und auch der Wallberg weiter drüben ist deutlich niedriger.

Juhuschreie und Letterkommandos verraten, dass am Blankenstein gefährlich gelebt wird. Erfahrene können vor dem Schlussstück am Risserkogel nach links zum reizenden Klettergarten der Münchner und Oberlandler Kletterer mit seinem eleganten Kalkkamm und den mächtigen Felsplatten auf der Westseite hinüberqueren: Anfänger im Fels sollten niemals allein einsteigen, sondern nur am Seil eines erfahrenen Begleiters! Leichten (aber glatt polierten) Fels gibt's am Normalanstieg (II), anspruchsvoller wird's an der Kleinen Westplatte (III+) und am Ostgrat des Hauptgipfels (III); moderne Felsakrobaten finden hier Routen bis zum VIII. Schwierigkeitsgrad.

Kondition, Tageszeit, vielleicht auch Hunger und Durst bestimmen den Abstiegsweg: Der direkte führt vom Risserkogel und Blankenstein durch die Mulde des Riedereckseees, durch ein stellenweise etwas rutschiges Waldstück zur Sieblialm und auf dem – leider asphaltierten – Fahrweg zur Bushaltestelle an der Hufnagelstube, ganz in der Nähe der Moni-Alm, die nichts anderes ist als ein gut gehendes Wirtshaus.

Blick von Nordosten aus dem Flugzeug auf das ungleiche Brüderpaar Blankenstein (rechts) und Risserkogel – Klettergarten der eine, Bergwandergipfel der andere. Die Abstiegsroute quert den Riederecksattel (vorne links) und führt durch den lichten Wald ins Tal.

23 Riederstein und Baumgartenschneid

Auf den Spuren von Ludwig Thoma

BERGWANDERUNG
1448 m
Mit Kindern ab 8 Jahren
1 Tag

Talort: Tegernsee (749 m)

Charakter: Gemütliche Vorgebirgswanderung ohne Schwierigkeiten. Beste Zeit: Mai bis Mitte November.

Gehzeit: Aufstieg 3 Std., Abstieg 2½ Std.

Hütten/Almen: Ghs. Galaun (1070 m, privat)

Verlauf: Tegernsee – Riederstein – Baumgartenschneid – Sagfleckl – Alpbachtal – Tegernsee

Variante: Etwas kürzer ist der Anstieg zum Riedersteinkircherl von Rottach-Egern aus: 1½ Std.

Winterwanderung: Bei Schnee ist der Anstieg von Rottach-Egern zum Ghs. Galaun der hier beschriebenen Route vorzuziehen. Weiterweg auf den Riederstein und auf die Baumgartenschneid je nach Schneelage.

Karte: BLVA UK 2, Tegernsee – Schliersee und Umgebung, 1 : 25 000

Bahn & Bus: BOB München – Tegernsee

Thoma, Ganghofer, Slezak, Gulbransson und wie sie alle hießen fanden das Tal schön, obwohl auch damals schon die Fremdenfluten im Juli und August über das Seeufer quollen. Aber nicht nur den Künstlern gefiel dieses Tal am Alpenrand – das Tegernseer Tal. Am schönsten fanden und finden es immer wieder die ganz frisch aus dem hohen Norden Zugereisten. Denn der »Preiß«, wie der einfältige Münchner seinen aus dem norddeutschen Flachland stammenden Gast nennt, tritt halt vom Schatten ins Licht, wenn er über Nacht vors Herzogliche Schloss gelangt und zum »Paraplui« und zur Point bummelt. Wenn auch die festen Seppl und drallen Dirndl längst abgespeckt haben und bei entsprechender Belegung der viel zu vielen Zweitwohnungen zeitweise in der Unterzahl sind, so erscheint dieses Tal auf dem ärztlich verordneten Spaziergang noch immer als der ideale Ort, an dem man »mit Bayern leben« kann. Wie gern sitzt dann der Fremde im Herzoglichen Bräustüberl Ellbogen an Ellbogen mit Arm und Reich, mit Gschert und Großkopfert zusammen, mit fußkranken Schickimickis und hundemüden Bergsteigern. Der Bergsteiger hat sich in der Regel seine kühle Maß, Radi, Brot und Miesbacher Käs' verdient, bevor er ins Bräustüberl kommt. Beispielsweise, indem er auf Ludwig Thomas Hausberg steigt: die Baumgartenschneid (1448 m). Ludwig Thoma selbst war ja kein Bergsteiger, sondern ging nur zum »Jagern« auf die Baumgartenschneid, an deren grünem Wiesenfuß, an der Tuften, noch heute sein Haus steht.

Der abwechslungsreichste Weg auf die Baumgartenschneid führt von Tegernsee aus über den Riederstein (1207 m). Das sind 700 Höhenmeter, also 2½ Stunden bei bequemem Wandertempo. Aber schön! Der Weg vom Herzoglichen Schloss kurz in Richtung Bahnhof, dann rechts an den letzten Häusern vorbei in den Wald, zum Großen Paraplui am Leeberg, den Südhang querend hinauf zum alten Wirtshaus am Galaun (wo eine Brotzeit alles verderben könnte, was man sich fürs Bräustüberl mühselig aufspart) und langsam den Treppenweg zum Riedersteinkircherl auf seinem verwegenen Felsriff ist einfach wunderschön. Vom Riederstein sind es dann noch gut 30 Minuten, zunächst im Wald, dann am freien Wiesenkamm hinauf auf die Baumgartenschneid. Da sitzt man dann und stellt verblüfft fest, welch reizende Ausblicke so ein unscheinbarer Vorbergegipfel doch bieten kann. An einem klaren Tag lässt sich zwischen Benediktenwand und Breitenstein rund ein Dutzend unserer Münchner Hausberge entdecken.

Ins Tal zurück kann man natürlich denselben Weg nehmen oder ab Galaun auch zur Tuften hinuntergehen. Wer – im doppelten Sinn – auf der Höhe bleiben will, steigt nach Norden über die Baumgartenalm zum Sagfleckl ab, wandert ums Kreuzbergköpfl zur Kreuzbergalm und über die Gindelalmschneid zur Neureut, ehe er sich wieder in Richtung Tegernsee orientiert. Der schönste Abstieg aber zweigt von dieser längsten Variante beim Sagfleckl ab und führt über den Prinzenweg hinaus nach Tegernsee.

Ausblick vom freien Gipfelkamm der Baumgartenschneid, also vom letzten Teil des Anstiegs, zum Tegernsee. Rechts ragt der Riederstein mit seinem hell leuchtenden Kircherl aus dem Wald. Am anderen Seeufer breitet sich Bad Wiessee aus; in der Ferne stehen der Fockenstein und die Benediktenwand.

24 Der Hirschberg
Über die Hirschlache hinauf – durchs Gründ hinunter

BERGWANDERUNG
1670 m
Mit Kindern ab 10 Jahren
1 Tag

Talort: Scharling (765 m)

Charakter: Leichte Bergwanderung auf einen gern besuchten Gipfel mit überraschend guter Aussicht. Beste Zeit: Mitte Juni bis Ende Oktober.

Gehzeit: Aufstieg 2½–3 Std., Abstieg 1½–2 Std.

Hütten/Almen: Hirschberghaus (1511 m, privat, ÜN)

Verlauf: Scharling – Holzpointalm – Hirschberghaus – Hirschberg – Rauheckalm – Scharling

Winterwanderung: Auf dem Hirschberg treffen sich Skitourengeher und Winterwanderer. Die Anstiege unterscheiden sich jedoch. Wer zu Fuß unterwegs ist, steigt auf der beschriebenen Route auf (Straße bis zur Materialseilbahn geräumt, Rodelbahn) und folgt dem ausgeschilderten Winterweg; die Skitourengeher steigen über die Rauheckalm an.

Karten: BLVA UK 2, Tegernsee – Schliersee und Umgebung, 1:25 000; BLVA UK L12, Mangfallgebirge, 1:50 000

Bahn & Bus: BOB München – Tegernsee, Bus Tegernsee – Scharling

Man sieht den Hirschberg (1670 m) schon von weitem, wenn man von München her ins Tegernseer Tal einfährt: einen regelmäßig aufsteigenden breiten Waldberg, an dessen ebenem Gipfelgrat man die Spitze aus der Mitte nach rechts, also nach Westen versetzt hat – ein kleiner Konstruktionsfehler aus der Schöpfungszeit, der aber die umfassende Aussicht nicht beeinträchtigt. Der Hirschberg erhebt sich zwischen dem Söllbachtal, wohin er eine schrofige, abweisende Steilflanke streckt, und dem Weißachtal, wo er recht gutmütig ausschaut.

Man geht am besten vom Gasthaus Hirschberg in Scharling aus. Hier lässt man den Wagen stehen (Parkplatz mit freiwilliger »Gebühr«), um sofort einen bezeichneten Weg westlich über die Häuser von Leiten einzuschlagen. Dieser Fahrweg (im Winter Rodelbahn) steigt durch schönen Mischwald an und leitet zum freien Boden der Holzpointalm auf 1065 Meter Höhe in einer nach Osten geöffneten Mulde. Auf der anderen Seite des Kreuther Tals steigt die bewaldete Flanke von Wallberg und Setzberg in die Höhe. Am steilen Hang entlang führt die Forststraße weiter zu einem ersten Sattel, wo sich der Blick zum Fockenstein hinüber öffnet, und endet an der Hirschlache bei der Talstation der Materialseilbahn des Hirschberghauses.

Die nächste Etappe zum Hirschberghaus ist zwar steil, aber der Weg ist gut ausgebaut und völlig ungefährlich. Bald steht man vor dem Haus in 1511 Meter Höhe, überlegt nur kurz und gönnt sich eine Stärkung. Die hat man verdient, denn hier ist die »Hauptarbeit« bereits geschafft. Mit frischen Kräften gelangt man in kurzen 30 Minuten auf den Gipfel und kann nach insgesamt 3 Stunden Gehzeit noch die Aussicht auf die Nachbarschaft genießen. Dazu gehören im Osten Wallberg, Setzberg und Risserkogel, im Süden ganz nah Roß- und Buchstein, etwas weiter entfernt Schildenstein und Blauberge mit dem Guffert, im Westen das Seekarkreuz und nördlich davon der Fockenstein.

Der bequemste Rückweg ins Tal folgt der Anstiegsroute. Für den trittsicheren Wanderer bietet sich jedoch ein anderer Weg an: vom Gipfel bis wenige Minuten vor dem Hirschberghaus zurück, wo ein Weg abzweigt und durch den Osthang des Ostgipfels zu den Hütten der Rauheckalm hinüberführt, in knapp 1500 Meter Höhe, dicht an den spitzen Graskamm gelehnt. Nun geht es rechts hinab, durch die locker bewaldete Südflanke eines großartigen Kessels, dann durch eine Waldgasse schnurgerade hinaus ins Gründ, eine Lichtung, an deren Ende die Bergstation des Kreuther Hirschberg-Schlepplifts steht. Links haltend gelangt man auf immer besserem Steig über die Wiesen der Skipiste nach knapp 1½ Stunden (vom Gipfel gerechnet) in den Kreuther Talboden. Hier links über die Höfe von Point nach Scharling – oder rechts ins nahe Dorf Kreuth. Müßig zu sagen, dass in dieser Gegend fast alle Wege ins nahe Tegernseer Bräustüberl führen …

Eine breite Wiesenrampe führt zum Hirschberggipfel hinauf. Am anderen Ende des Gipfelkamms steht das Hirschberghaus. Auf beiden Rastpunkten liegt den Besuchern das Tegernseer Tal und das halbe Oberland zu Füßen.

25 Roß- und Buchstein
Felsenzirkus hinterm Sonnberg

BERGWANDERUNG
1701 m
Mit Kindern ab 10 Jahren
1 Tag

Talort: Bayerwald (852 m), AP Parkplatz 400 m westlich von Bayerwald

Charakter: Schöne Wanderung auf zwei beliebte Aussichtsgipfel. Die Besteigung des Buchsteins erfordert Trittsicherheit und Schwindelfreiheit. Beste Zeit: Mitte Juni bis Ende Oktober.

Gehzeit: Aufstieg 2½ Std., Abstieg 2 Std.

Hütten/Almen: Tegernseer Hütte (1650 m, DAV), Röhrlmoosalm (1100 m, privat)

Verlauf: Bayerwald – Sonnbergalm – Roß- und Buchstein – Roßsteinalm – Röhrlmoosalm – Bayerwald

Besonderer Hinweis: Die Felsrinne auf den Buchstein ist stark abgegriffen. Vorsicht bei Nässe!

Variante: Wer nicht zum Parkplatz zurückgehen muss, steigt von der Tegernseer Hütte nach Norden ab und wandert an der Schwarzentennalm vorbei ins Söllbachtal und nach Bad Wiessee, 3½ Std.

Karte: BLVA UK L18, Bad Tölz – Lenggries und Umgebung, 1:50 000

Bahn & Bus: BOB München – Tegernsee, Bus Tegernsee – Bayerwald

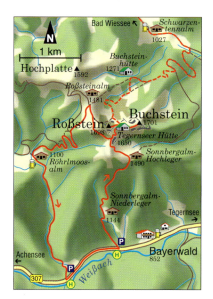

Auf der Straße von Tegernsee zum Achenpass, kurz vor Glashütte, passiert man die kleine Siedlung Bayerwald. Autofahrer nehmen meist nur wahr, dass es dort ein Wirtshaus gibt. 500 Meter weiter weist eine Tafel bei einem Parkplatz rechts hinauf zur Tegernseer Hütte. Hier steigen wir aus und auf.
Der schmale Weg führt in Serpentinen durch schönen Mischwald die Südflanke des Sonnbergs hinauf – Spätaufsteher müssen hier im Hochsommer unweigerlich büßen –, vorbei am Niederleger der Sonnbergalm zur Waldgrenze, und kurz darauf ist man am Hochleger (1490 m). Da verschlägt's einem erst einmal den Atem: Dicht gegenüber, getrennt durch eine grüne Wiesenmulde, steht das felsige Brüderpaar Roß- und Buchstein (1701 m). Der Fels, eisenharter Korallenkalk, lockt – nicht nur uns Münchner Wanderer, sondern auch Kletterer der schärferen Richtung. Und die gehen nicht zur Tegernseer Hütte, die sich wie ein Adlerhorst in die Scharte zwischen den beiden Gipfeln zwängt, sondern kraxeln direkt hinauf zur Terrasse: auf der – wie treffend! – »Via Weißbier« im VII. Schwierigkeitsgrad.
Vor der Querung durch die Südflanke des Roßsteins kommt man an der schlanken Roßsteinnadel vorbei – ein winziger, aber origineller Klettergarten hoch über Berg und Tal. Wer sich die Kletterei zutrauen darf und die entsprechende Ausrüstung heraufgetragen hat, geht hier natürlich nicht vorbei, sondern packt von der mit mächtigen Blöcken gefüllten Schlucht zwischen Roßstein und Nadel deren Westgrat an (II mit einer IIIer-Stelle).
Wer keine Kletterambitionen hat, folgt weiter dem Normalweg zur Hütte in der Scharte und kann von dort durch eine griffige Steilrinne wenigstens auf den Gipfel des Buchsteins klettern oder über den einfachen Schrofengrat auf den 1698 Meter hohen Roßstein steigen. Zugegeben: Allein wird man an schönen Tagen auf der Tegernseer Hütte nicht sein. Von Norden her kommen die Wiesseer Gäste dazu, und neben den Wanderern tummelt sich hier auch das Klettervolk, das heutzutage eine schier unerschöpfliche Kreativität bei der Benennung neuer Routen beweist.
Ob »Goggolori« (VII), »Der kleine Prinz« (VIII), »Herbsttraum« (VII) oder die schon erwähnte »Via Weißbier« – hinter den Namen versteckt sich ein Lebensgefühl: sportliche Höchstleistung, Naturgenuss, Unabhängigkeit, Phantasie.
Man kann dann auf dem Anstiegsweg wieder absteigen oder süd- und westseitig um den Roßstein herumqueren, vom Sattel bei der Roßsteinalm links zum Röhrlmoos hinunterlaufen und nun dem Schliffbach zur Achenpassstraße folgen, die man 1 Kilometer westlich des Ausgangspunkts erreicht.

Der Felsgipfel des Buchsteins beherrscht die bewaldeten Vorgipfel der Tegernseer Berge. In der über der Tegernseer Hütte gut erkennbaren Steilrinne, die leicht zum Gipfel führt, genießen Bergwanderer noch die Nachmittagssonne. Im Hintergrund rechts ist die runde Kuppe des Risserkogels zu erkennen.

26 Das Seekarkreuz
Grasgipfel über dem Isarwinkel

BERGWANDERUNG
1601 m
Mit Kindern ab 8 Jahren
1 Tag

Talort: Lenggries (679 m), AP Mühlbach (719 m)

Charakter: Leichte Wanderung auf einen typischen Voralpenberg mit freien Almwiesen im Gipfelbereich und einem dichten Waldgürtel im unteren Teil. Beste Zeit: Mitte Juni bis Anfang November.

Gehzeit: Aufstieg 2½–3 Std., Abstieg 2–2½ Std.

Hütten/Almen: Lenggrieser Hütte (1338 m, DAV)

Verlauf: Mühlbach – Grasleitensteig – Lenggrieser Hütte – Seekarkreuz – Lenggrieser Hütte – Seekaralm – Sulzersteig – Hirschbachtal – Mühlbach

Winterwanderung: Auf dem Grasleitensteig erreicht man auch im Winter die Lenggrieser Hütte und das Seekarkreuz.

Karte: BLVA UK L18, Bad Tölz – Lenggries und Umgebung, 1:50 000

Bahn & Bus: BOB München – Lenggries

Der Paradeberg der Lenggrieser ist das Brauneck. Dort treffen sich im Winter die Skifahrer, im Sommer die Ausflügler, die sich mit Vorliebe zum Ziel transportieren lassen, zuerst vom Auto, dann von der Gondelbahn, die Bergwanderer, die sich in Richtung Benediktenwand aus dem Staub machen, und die Gleitschirmflieger, die hier oft ideale Flugbedingungen vorfinden. Diese Konzentration der Gäste an einem Berg ist durchaus sinnvoll: Wer den Trubel nicht scheut, der genießt dort oben den Ausblick, kann auf Promenadewegen seine Beine etwas vertreten und hat es nicht weit ins Wirtshaus. Wer's stiller mag, weiß, dass er sich nur in der Gegenrichtung bewegen muss – und da steht in Lenggries das Seekarkreuz. Wenn man sich im Isarwinkel nicht auskennt, dann muss man es erst suchen, denn ein besonders markanter Gipfel ist's nicht: Nur ganz oben streckt es sein Haupt aus dem Waldpelz hervor.

Ganz grundsatztreue Bergwanderer, die Seilbahnbergen bewusst aus dem Weg gehen, finden am Seekarkreuz die richtige Alternative zum Brauneck aus dreierlei Gründen: Erstens mit ungefähr 900 Metern Höhendifferenz, das heißt knapp 3 Stunden Aufstieg ab dem Parkplatz bei Schloss Hohenburg, hält sich die Plage in Grenzen; zweitens der Gipfel belohnt bei schönem Wetter mit einem weiten Ausblick; und drittens steht darunter die – übrigens auch im Winter – bewirtschaftete Lenggrieser Hütte (ein ideales Ausweichziel bei aperen Pisten!).

Zunächst kann man sich gemütlich warmlaufen, denn das erste Stück vom Parkplatz durch die Häuser von Mühlbach und beim Tradlbauern vorbei steigt nur unmerklich an. Dann aber wird's immer steiler, und bald verschwindet der Grasleitensteig im Wald, durch den er stetig ansteigend um den ganzen Grasleitenkopf herumquert. Wer weiß, dass er vom Gipfel wieder zur Hütte zurückkehrt, wird die von freundlichen Wirtsleuten geführte Einkehr zunächst links liegen lassen und durchstarten zum Gipfel, der noch rund 40 Minuten entfernt ist. Ein Finale, das durch dichter werdenden Wald und schließlich über einen baumfreien Wiesenrücken zum höchsten Punkt führt – 1601 Meter hoch (und damit exakt 46 Meter höher als drüben das Brauneck!). Wenn das Wetter mitspielt, belohnt ein Ausblick nach Maß die Plagerei: ins Isartal, in die lange Jachenau und zur Zugspitze, zu den Nachbarn Hirschberg sowie Roß- und Buchstein, zum wuchtigen Guffert und in der Ferne bis zur Reichenspitzgruppe über dem Gerlospass.

Beim Abstieg zurück ins Tal lässt kaum jemand den »Einkehrschwung für Fußgänger« auf der Lenggrieser Hütte aus, bevor es auf dem Fahrweg zur nahen Seekaralm geht und dann links steil den Sulzersteig hinunter ins Hirschtal. Liebhaber von Forstwegen und -straßen können das Seekarkreuz übrigens überschreiten und zum Hirschtalsattel queren, von wo die Straße dann stets im Talgrund bis nach Hohenburg hinauszieht.

Über grünen Almkesseln und dichten Waldflanken erhebt sich das Seekarkreuz. Der freie Ausblick zeigt im Westen die Gipfel von Karwendel und Wetterstein sowie die Zugspitze.

27 Hinauf zum Fockenstein
Zwischen Isarwinkel und Tegernsee

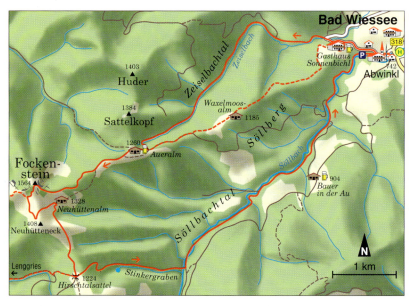

BERGWANDERUNG
1564 m
Mit Kindern ab 10 Jahren
1 Tag

Talort: Bad Wiessee (742 m), AP Parkplatz an der Söllbachtalstraße

Charakter: Reizende, im Hochsommer viel begangene Bergwanderung. Besonders schön im Herbst.

Gehzeit: Aufstieg 3 Std., Abstieg 2½ Std.

Hütten/Almen: Aueralm (1260 m, privat, ÜN)

Verlauf: Bad Wiessee – Zeiselbachtal – Aueralm – Fockenstein – Hirschtalsattel – Söllbachtal – Bad Wiessee

Varianten: (A) Ein schnellerer Abstieg führt über den Rücken des Söllbergs entlang der Skiabfahrt zum Auto, 1½ Std.
(B) Wer vom Auto unabhängig ist, kann durch das Hirschtal oder über den Geigerstein nach Lenggries absteigen (Zug nach München).

Winterwanderung: Bei viel Schnee geht man nur bis zur Aueralm, die im Winter an schönen Wochenenden bewirtschaftet ist, ansonsten auch weiter bis auf den Gipfel.

Karte: BLVA UK L18, Bad Tölz – Lenggries und Umgebung, 1:50000

Bahn & Bus: BOB München – Gmund, Bus Gmund – Bad Wiessee

Man mag es verstehen oder nicht: Einem bewegungssüchtigen Bergsteiger graust es manchmal ein bisserl vor Kurorten. Er bildet sich ein, da röche es nach Krankheiten. Aber in Bad Wiessee, wo es zumindest nach Jod riechen müsste, da riecht es nach Kaffee, Parfüm und gutem Kuchen. Wer's nicht glaubt, darf beim Bummel über die Uferpromenade die Probe aufs Exempel machen. Von den Bänken am gepflegten Ufer blicken die Gäste fasziniert oder gelangweilt auf den See hinaus und über ihn hinweg zu Baumgartenschneid und Wallberg; den Blick über die Schulter wagt kaum jemand, denn dort erheben sich Waldflanken und vom stolzen Fockenstein ist nichts zu sehen.

Allgemein und auch am bequemsten geht man den Fockenstein vom Sonnenbichl an, läuft zwischen Semmelberg und Söllberg das Zeiselbachtal hinauf, kommt so gemütlich (und in freundlicher Stille) in 2 Stunden zur Aueralm (1260 m) und in einer weiteren Stunde auf den Gipfel des Fockensteins (1564 m). Hier hat man das reizende Tegernseer Bilderbuch samt See und Lustorten unter sich, samt Riedersteinkircherl und Baumgartenschneid. Gegenüber steht der Hirschberg im Saum dichten Fichtensamtes, und herausfordernd schneidig schießt das felsige Brüderpaar Roß- und Buchstein aus dem grünen Gemugel. Natürlich schaut man jenseits zum Brauneck, in die Jachenau und zum Rauchenberg hinüber und überblickt den Isarwinkel vom Sylvensteinspeicher bis Bad Tölz. Die Isar, in der Münchnerstadt von Flussbauern »renaturiert«, ist im Isarwinkel noch ganz und gar Urstrom, ein breites Gries bildet das Bett, in dem die jungen Wasser ihre schnellen Schleifen ziehen.

Wer es mit dem Abstieg eilig hat, der folgt von der Aueralm weg dem Kamm über die Waxelmoosalm und gelangt über die Skiabfahrt zum Sonnenbichl. Besonders schön ist es, vom Gipfel südlich über die Neuhüttenalmen (1328 m) und durch ein bezauberndes Hochmoor zum Hirschtalsattel (1224 m) abzusteigen, um dann durch den Stinkergraben – er verdankt seinen berechtigten Namen einigen Schwefelquellen – ins Söllbachtal zu wandern. Dort kommt man auf die Forststraße, die rechts (südlich) des Söllbachs von der Schwarzentennalm herab bis nach Bad Wiessee zieht. Eine dritte Abstiegsmöglichkeit lässt Benutzer öffentlicher Verkehrsmittel ab dem Hirschtalsattel westwärts durchs Hirschtal nach Lenggries hinunterlaufen – wenn man nicht vorher in der Schlosswirtschaft Hohenburg einkehrt und bei einer gemütlichen Brotzeit am liebsten den letzten Zug nach München verpassen möchte.

Auf dem Kamm westlich der Aueralm hat man den Gipfelaufbau des Fockensteins schon nah vor Augen. 300 Höhenmeter sind allerdings bis zum höchsten Punkt doch noch zu bewältigen.

28 Der Guffert
Beherrscher der Münchner Vorberge

BERGTOUR
2194 m
Mit Kindern ab 14 Jahren
1 Tag

Talort: Steinberg (1010 m)

Charakter: Sehr schöne Bergtour, die im Gipfelbereich Trittsicherheit erfordert. Hervorragender Aussichtsberg. Beste Zeit: Juli bis Oktober.

Gehzeit: Aufstieg 3 Std., Abstieg 2½ Std.

Hütten: keine

Verlauf: Steinberg – Guffert – Schmiedlquelle – Guffertstein – Luxeggalm – Steinberg

Variante: Vom Ghs. Obere Bergalm, 1029 m, an der Straße nach Steinberg, führt ein Weg unter den Nordabstürzen des Guffert vorbei. Kurz vor der Issalm zweigt ein (teilweise drahtseilgesicherter) Steig ab, der durch die Nordflanke des Guffert bis unter den Gipfelstock führt und dort auf den Weg von Steinberg trifft (4 Std.); Trittsicherheit erforderlich.

Karten: ÖK 88, Achenkirch, 1:50000; FB 321, Achensee – Rofan – Unterinntal, 1:50000

Bahn & Bus (mühsam!): DB/ÖBB München – Kufstein – Jenbach, PB Jenbach – Achenkirch (ca. 10 km nach Steinberg)

Welcher Münchner kennt den Guffert (2194 m) nicht? Von überall her ist er zu sehen, von allen Vorbergen zwischen Hochries und Herzogstand erkennt man ihn: die stumpfe, hohe Kalksäule von Westen, die breite, kräftig emporstrebende Kalkmauer von Norden, von Osten aber die doppelgipflige, nackte Felsbastion hoch über allem grünen Vorbergegemugel. Die dunklen Mauern des Rofangebirges überm Ampmoosboden stellen ihm einen stattlichen Hintergrund, aber erst wer ihm ganz nahe kommt, gewahrt, dass der stolze Guffert einsam einem riesigen Revier von Bergforsten entragt (s. Foto!).

Jahrzehntelang lag der Guffert abgeschieden und war nur ein Ziel von Außenseitern. Erzromantisch veranlagte Dauerläufer pflegten ihn früher auf dem schönsten, aber auch längsten Weg zu ersteigen: Sie stiefelten vom Spitzingsee zur Erzherzog-Johann-Klause, stiegen einsam durch die Nordflanke des Raggstattjochs zur Ludwig-Aschenbrenner-Hütte, wo sie übernachteten, um am folgenden Tag über das Schneidjoch hinweg und auf dem Felssteig durch die Nordflanke den Gipfel zu erreichen (gesamte Gehzeit ab Spitzingsee mindestens 10 Stunden, eher mehr!).

Aber wer will denn heute noch so viel Zeit für einen Voralpengipfel »opfern«? Seitdem eine gut ausgebaute Straße das kleine Rofandorf Steinberg mit Achenkirch und der großen Welt verbindet, gehen viele Münchner von Süden her auf den Gipfel: 3–4 Stunden ist man unterwegs, im schattigen Wald, im großen Latschenhang, schließlich am felsigen Ostgrat. Das alles ist mit dem Blick zum Rofan mehr ein aussichtsreiches Vergnügen als eine Plage, vorausgesetzt, man ist früh aufgebrochen und die Sonne brennt noch nicht mit voller Kraft in den Südhang hinein; sind die Latschenbesen aber schon richtig aufgeheizt, ist diese Route eine heiße, äußerst schweißtreibende Angelegenheit.

Abkühlung gibt's erst am stellenweise ausgesetzten, felsigen Gipfelgrat, wo fast stets ein leichtes Lüfterl weht – oder bei der Gipfelrast aus dem Rucksack. Bei der Aussicht vom Gipfel spielt das Rofan die glanzvolle Hauptrolle, das Karwendel zeigt sich von einer neuen Seite, der Alpenhauptkamm mit blinkenden Gletschergipfeln ist näher gerückt.

Gleitschirmpiloten können vom Ansatz des Ostgrats mühelos ins Tal schweben (wenn der Wind stimmt), während wir »gemeine Bergwanderer« uns auf dem Weg dorthin vieltausendfach die Beine in den Leib stoßen müssen. Vom Guffertstein (1963 m) kann man noch einmal zu den beiden weiten Karkesseln und den Doppelgipfeln hinüberschauen, bevor es über die Luxeggalm nach Steinberg zurückgeht.

Zwei kühne Felshörner formen den isoliert aufragenden Guffert. Wanderer erreichen den Hauptgipfel (rechts) von der hier verdeckten Ostseite. Kletterer turnen auf dem im Profil erkennbaren Südgrat nach oben.

29 Ampmoosboden und Rofanspitze
Von Steinberg über die Schmalzklause ins Rofan

BERGTOUR
2259 m
Mit Kindern ab 14 Jahren
1 Tag

Talort: Steinberg (1010 m), AP Zusammenfluss von Grundache und Mühlbach

Charakter: Sehr lange Bergwanderung mit mindestens 8 Std. Gehzeit in landschaftlich großartiger Umgebung. Der Bettlersteig ist für trittsichere Geher ohne Probleme, beim Schafsteig helfen Drahtseile. Beste Zeit: Juli bis Oktober.

Gehzeit: Aufstieg 4½ Std., Abstieg 3½ Std.

Hütten: keine

Verlauf: Grundache – Eselkar – Ampmoosalm – Bettlersteig – Rofanspitze – Schafsteig – Zireiner See – Schauertalalm – Enterhof – Grundache

Karten: AV 6, Rofan, 1:25 000; FB 321, Achensee – Rofan – Unterinntal, 1:50 000

Bahn & Bus (mühsam!): DB/ÖBB München – Kufstein – Jenbach, PB Jenbach – Achenkirch (ca. 10 km nach Steinberg)

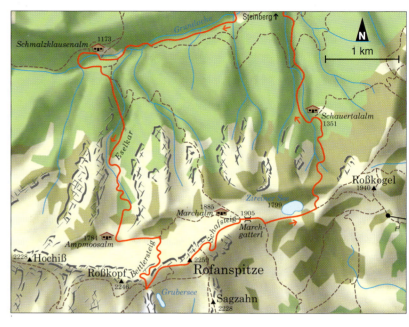

Von Maurach am Achensee und von Kramsach im Inntal, also von Süden und Osten, kann man sich seit vielen Jahren den Aufstieg zu den Rofangipfeln mit Hilfe einer Seilbahn und zweier Sessellifte erleichtern. Das ist in Ordnung, denn wer sich dem Massiv von Norden nähert, muss sich seit eh und je zu Fuß in die Höhe bemühen. Wenn es nach den Plänen eines im Zillertal erfolgreichen Seilbahnunternehmers gegangen wäre, wäre heute die Roßwies, östlich des Zireiner Sees, im Winter Zentrum eines Skikarussells, das bis zum Unnütz hinüberreichen würde. Der unnachgiebigen Haltung der Agrargemeinschaft Ludoi, deren Almgelände von den Baumaßnahmen betroffen gewesen wäre, ist es zu verdanken, dass die Pläne wieder in den Schubladen verschwanden. Die paradiesische Ruhe, die man auf der Nordseite des Rofans noch immer finden kann, scheint damit auch für die nächste Zukunft gesichert zu sein. Noch ist nämlich die Welt in und um Steinberg einigermaßen in Ordnung, und wer den Wagen etwas außerhalb des Ortes an der Grundache abgestellt hat, wird auf der sanft ansteigenden, neben dem Wasser dahinführenden Forststraße bald in seinen Gehrhythmus hineinfinden. Wenn dann auf der anderen Bachseite die Schmalzklausenalm (1173 m) steht, dauert es nur noch ein paar Minuten, und es wird ernst mit dem Steigen: Immer steiler windet sich der Weg jetzt durchs Eselkar bis zum weltverlorenen Ampmoosboden (1784 m). Nach 3 Stunden darf man hier verschnaufen, unmittelbar unter den senkrechten Nordwänden von Spieljoch, Seekarl- und Rofanspitze, geborgen in einem sanften grünen Anger, rechts und links durch begrünte Rippen von der Außenwelt abgeschirmt. Die Almen – verkümmert, eingefallen, eingesunken – stehen unter und zwischen abgestürztem Blockwerk: ein köstlicher Rastplatz im Rofan, ein Tummelplatz für gute Gedanken …

Vom Ampmoosboden kann der Trittsichere und Schwindelfreie über den Bettlersteig den Rofanfirst ersteigen und ostwärts zur Rofanspitze (2259 m) hinüberbummeln. Der leichtere, auch für Kinder besser geeignete Umweg führt von der Ampmoosalm übers Halsl, das Marchgatterl (1905 m) und den Schafsteigsattel (2174 m) zum gleichen Ziel.
Wenn man vom Gipfel das ganze Zillertal, dazu das Inntal mit seinen Dörfern und Mittelgebirgen ausgeforscht hat, muss man über den Schafsteigsattel und das Marchgatterl zum Zireiner See absteigen und nun die Mauern der Rofanspitze auch von Osten gebührend bestaunen. Dann geht's über die scharfe Wiesenkante genau nach Norden hinunter zur Schauertalalm (1351 m), weiter über den Durra- und den einsamen Enterhof in die tiefe Furche der Steinberger Ache und zum Ausgangspunkt zurück.

Die liebliche Mulde des Zireiner Sees bildet einen reizenden Kontrast zu den ostseitigen Felsabbrüchen der Rofanspitze. In der rasendurchsetzten Zone überlistet der Schafsteig diesen Abbruch. Links oben der Sagzahn, rechts über dem Marchgatterl die Hochiß.

30 Steinernes Tor und Kotalmjoch
Paradiese im Rofangebirge

BERGWANDERUNG
2122 m
Mit Kindern ab 12 Jahren
1 Tag

Talort: Maurach (975 m), Seilbahn zur Erfurter Hütte; EP Hotel Achenseehof (936 m)

Charakter: Einsame und stille Bergwanderung ohne Schwierigkeiten. Auf dem breiten Gratrücken zum Kotalmjoch nur Trittspuren. Beste Zeit: Mitte Juni bis Ende Oktober.

Gehzeit: Aufstieg 3 Std., Abstieg 2½ Std.

Hütten/Almen: Erfurter Hütte (1831 m, DAV), Dalfazalm (1693 m, privat, ÜN)

Verlauf: Erfurter Hütte – Dalfazalm – Kotalmsattel – Stuhljöchl – Kotalmjoch – Kotalmen – Hotel Achenseehof

Variante: Die Dalfazalm erreicht man ohne Seilbahnhilfe von Buchau in gemütlichen 2 Std.

Karten: ÖK 119, Schwaz, 1:50000; AV 6, Rofan, 1:25000; FB 321, Achensee – Rofan – Unterinntal, 1:50000

Bahn & Bus: DB/ÖBB München – Kufstein – Jenbach, PB Jenbach – Maurach/Rofanseilbahn bzw. PB Jenbach – Achenseehof

Es sei gleich vorweg verraten: Auch Faulenzer können in den Genuss dieser herrlichen Berglandschaft kommen, denn die Rofan-Seilbahn von Maurach zur Erfurter Hütte reduziert die Aufstiegszeit um gut 2 Stunden, und Dalfazalm (1693 m) und Steinernes Tor (1976 m) sind in nur 2 Gehstunden leicht, zu leicht erreichbar. Allerdings entpuppt sich nach weniger als einer Wegstunde der Hochleger der Dalfazalm als eine gut ausgebaute Bergwirtschaft, so dass die Faulenzer hier bei einer kühlen Halben Bier oder einem Glas frischer Milch häufig ohne zu zögern beschließen, auf den Weiterweg zu verzichten.

Wenn an der Talstation keine lange Warteschlange steht, darf man hier, ohne Gewissensbisse bekommen zu müssen, mit der Bahn zum Ausgangspunkt schweben – warum auch nicht? Wenn wir vom Rummel an der Bergstation auf die kleine, aber kühne Rotspitz am Ende der Dalfazer Wände zugehen, verlieren wir die skipistengerecht planierte und wiederbegrünte Natur schon bald aus den Augen. Der gute Weg führt westwärts um den Dalfazer Kamm herum, dann leicht fallend durch sich öffnendes Almgelände zur erwähnten Dalfazalm.

Nach dem Verlust von 150 Höhenmetern geht es nun wieder bergauf: übers »kalte Wasser« nordostwärts in eine breite und trockene steinerne Mulde mit nur noch geringer Vegetation. In 1976 Meter Höhe erreichen wir am Sattel zwischen dem Dalfazer und dem nach Westen ragenden Klobenjochkamm das Steinerne Tor, das auf manchen Karten auch als Kotalmsattel bezeichnet wird.

Hier, einsam unter Felstürmen und lang gezogenen Graten, befehlen die Augen – und nicht der Magen – eine Pause: Man schaut verwundert in den von den senkrechten Klobenjochwänden und dem Kotalmjoch eingefassten Kotalmkessel mit seinen verstreuten Felssturztrümmern, erkennt im Norden die grünen Buckel zwischen Isarwinkel und Tegernsee, studiert im Osten das Karwendel und hält schließlich im Süden nach den Bergen ums Zillertal Ausschau.

Da der Gipfel des Kotalmjochs »leicht hergeht«, steigen wir vom Steinernen Tor noch weiter zum Streichkopfgatterl hinauf. Dort erreichen wir in ungefähr 2200 Meter Höhe den höchsten Punkt der Tour, nach einem weglosen, aber harmlosen Bummel über den langen, nach Nordwesten ziehenden Gratrücken am Kotalmjoch (2122 m) allerdings erst den angestrebten Gipfel. Hier ist es ruhig, weil wir nun auch die Wanderer, die die beliebte Rundwanderung Erfurter Hütte – Hochiß – Kotalmsattel – Dalfazalm – Erfurter Hütte machen, hinter uns gelassen haben.

Über den großen Südwesthang queren wir dann weglos (!!) in die mit ihrer felsigen Einfassung großartige Kotalmsenke hinunter (Vorsicht, Felsstufen! Bei schlechter Sicht unbedingt am Anstiegsweg zurücksteigen!), passieren den verfallenen Hochleger und folgen dem guten Steigerl zum Mittelleger, zu dem der Senn inzwischen mit dem Auto fahren kann. Auf dem alten Almweg geht es dann in den Bergwald hinein, vom Niederleger nach Norden und über die letzte Steilstufe hinunter zum Hotel Achenseehof am gleichnamigen See. Per Autostopp, mit dem Bus oder dem Motorboot kommt man wieder nach Maurach zurück.

Seinem Namen alle Ehre macht das Steinerne Tor, ein schmaler Einschnitt in den Kalkfelsen des Klobenjochkamms. Durch ihn führt der Weg von der Dalfazalm zur Kotalm; Gipfelhungrige unternehmen von hier aus den Abstecher zum Kotalmjoch.

31 Sagzahn und Vorderes Sonnwendjoch
Hohe Warte über Inntal und Zillertal

BERGWANDERUNG
2228 m
Mit Kindern ab 12 Jahren
1 Tag

Talort: Maurach (975 m), Seilbahn zur Erfurter Hütte

Charakter: Für geübte Geher leichte Bergwanderung, nur der kurze Klettersteig auf den Sagzahn erfordert Trittsicherheit. Beste Zeit: Ende Juni bis Ende Oktober.

Gehzeit: Aufstieg 2½ Std., Abstieg 2½ Std.

Hütten/Almen: Erfurter Hütte (1831 m, DAV)

Verlauf: Erfurter Hütte – Gruberscharte – Sagzahn – Vorderes Sonnwendjoch – Alpiglalm – Kanzelkehre (Bus nach Maurach)

Varianten: Lohnend sind die Abstiege nach Kramsach über die Bayreuther Hütte (2½–3 Std.), zur Kanzelkehre über die Schermstein- und Burgaualm oder am Zireiner See vorbei über die Schauertalalm nach Steinberg (3½ Std.)

Karten: ÖK 119, Schwaz, 1:50000; AV 6, Rofan, 1:25000; FB 321, Achensee – Rofan – Unterinntal, 1:50000

Bahn & Bus: DB/ÖBB München – Kufstein – Jenbach, PB Jenbach – Maurach/Rofanseilbahn

Sagzahn (2228 m) und Vorderes Sonnwendjoch (2224 m) sind ein merkwürdiges Gespann: ein scharfes Felsriff der eine, eine runde Weidekuppe der andere. Weit vorgeschoben vom Hauptkamm des Rofans stehen sie im blauen Dunst, 1700 Meter über dem Innufer und ebenso viele Meter über dem unteren Zillertalboden. Es gibt weit und breit keine Rastkuppe, die sich so dominierend als Ruhe- und Aussichtsbalkon anböte. Dort oben muss man im späten Herbst sitzen, allein oder mit guten Freunden, weit weg von allem Elend dieser Welt.

Wie aber kommt man hin? Den kürzesten Weg nimmt die Bergbahn von Maurach am Achensee-Südende zur 1831 Meter hoch gelegenen Erfurter Hütte; von dort steigt man über den Mauritz-Hochleger und die Gruberstiege zur Gruberlacke an. Dann dicht unterm Hauptkamm zum Schafsteigsattel (2174 m). Den Schafsteigsattel erreicht man von der Erfurter Hütte auf aussichtsreichem Steig in gut 2 Stunden.

Jetzt geht man südwärts direkt auf den Sagzahn zu, steigt am Felssockel rechts in einen Kamin (Eisenstifte und Drahtseile) ein. Man könnte den Sagzahn auch rechts an seinem Sockel umgehen, aber das wäre schade, denn der Felsaufstieg ist nicht besonders schwierig; überall gibt's Griffe und Tritte. Die Passage vom Gipfel hinüber zum Vorderen Sonnwendjoch gleicht einem Göttergang. Die Aussicht möge sich der Leser selbst zusammensuchen, denn sie ist so umfassend und so einzigartig schön, dass ich gewaltig ins »Sprüch'machen« käme.

Man ist also von der Erfurter Hütte gut in 2½–3 Stunden auf beiden Gipfeln, bleibt 1–2 Stunden liegen, aber dann muss man wieder talwärts. Wer das Auto in Maurach hat, kennt seinen Rückweg: zur Erfurter Hütte und den schönen Waldsteig hinab nach Maurach, ohne Bergbahn gute 2–3 Stunden. Wer nicht vom geparkten Wagen abhängig ist, sollte sich für einen der folgenden Abstiege entscheiden: Erstens vom Schafsteigsattel zum Zireiner See, dann über die Schauertalalm – hier rauschen viele klare Wasser rings um die Alm – nach Steinberg (Bus nach Achenkirch); zweitens Schafsteigsattel – Zireinalm (1698 m) – Bayreuther Hütte (1576 m) – Kramsach – Rattenberg am Inn (3 Std.); drittens Schafsteigsattel – Gruberlacke – steil südlich hinab zur idyllisch gelegenen Schermsteinalm (1855 m) und weiter über Burgaualm und Astenberghöfe zur Kanzelkehre (direkter Abstieg vom Vorderen Sonnwendjoch zur Schermsteinalm möglich); oder viertens – noch viel besser – direkt nach Wiesing, kurz vorm Innufer ... Vier stille Abstiege, jeder mit besonderem Reiz.

Kein Fotograf geht am Schafsteigsattel an diesem Motiv achtlos vorbei: der Blick vom Schafsteigsattel auf den Sagzahn mit seiner Nordflanke und auf das Vordere Sonnwendjoch (dahinter). Am Horizont leuchten die Zillertaler Dreitausender zwischen Rauchkofelgruppe und Großem Möseler.

32 Hochiß und Rotes Klamml
Über Achensee und Inntal

BERGTOUR
2299 m
Mit Kindern ab 12 Jahren
1 Tag

Talort: Maurach (975 m), Seilbahn zur Erfurter Hütte

Charakter: Beliebte Tour auf den höchsten Rofangipfel, für trittsichere Geher ohne Probleme. Beste Zeit: Mitte Juni bis Ende Oktober.

Gehzeit: Aufstieg 1½ Std., Abstieg 2 Std.

Hütten/Almen: Erfurter Hütte (1831 m, DAV), Dalfazalm (1693 m, privat, ÜN)

Verlauf: Erfurter Hütte – Hochiß – Kotalmsattel – Dalfazalm – Durraalm – Maurach

Karten: ÖK 119, Schwaz, 1:50000; AV 6 Rofan, 1:25000; FB 321 Achensee – Rofan – Unterinntal, 1:50000

Bahn & Bus: DB/ÖBB München – Kufstein – Jenbach, PB Jenbach – Maurach/Rofanseilbahn

Der Name Rofan kommt vom römischen »rovina«, Ruine – und wer einmal vom Ampmoosboden auf- oder vom Unnütz oder Guffert herübergeschaut hat, der begreift's: Von Norden her ist das Rofan eine Festung aus weißgrauem Kalkfels, breiten Mauern und tiefen Scharten. Zwei blinkende kleine Seeaugen unterhalb der Wände setzen liebliche Akzente auf der schroffen Kehrseite dieser Gebirgsgruppe.

Von Norden gesehen imposant, sind steile grüne Hänge auf der anderen Seite für das Rofangebirge charakteristisch. Vier kräftige Querrippen durchschneiden das Grün: Dalfazer Kamm im Westen, Gschöllkopf, Heidachstellwand, Sagzahn-Sonnwendjoch im Osten. Dies ergibt fünf Hochmulden, jede auf drei Seiten von Steilwänden umschlossen. Der Blick nach Süden dagegen ist frei: Übers tiefe Inntal hinweg blickt man zum Eis und Urgestein der Zillertaler Alpen ... Da kann man ewig auf einem Rasenpolster liegen, schauen, und das »Heilige Land Tirol« bewundern – und bedauern: Einst so festgefügt in alpenländischer Sitte, lässt es sich heute mancherorts von dynamischen und scheinbar omnipotenten Alpinmanagern zu deren Spielplatz degradieren.

Die Hochiß (2299 m), von Norden her eine fast ebenmäßige Felspyramide, ist der höchste Gipfel des Rofans. Man geht von der Bergstation neben der Erfurter Hütte (1831 m) rechts am Gschöllkopf vorbei zu einem Sattel und hat dort den gesamten weiteren Anstieg vor Augen: Durch die Westflanke des Spieljochs ansteigend führt der Weg bis dicht an den Nordwandabbruch heran, quert den Südhang unter dem Hochiß-Gipfel (hier bieten einige Drahtseile festen Halt) und erreicht schließlich von Westen her am Hauptkamm den Gipfel. Das dauert nur gut 1½ bis höchstens 2 Stunden – dank Seilbahnunterstützung ein niedriger Schweißtropfenpreis. Die »Aussichtstribünen« um den 2299 Meter hohen Gipfel sind erfahrungsgemäß an schönen Wochenenden stets gut gefüllt. Das Hin und Her zwischen Bahn und Gipfel allein ist jedenfalls zu wenig für einen Tag. Deshalb mein Vorschlag: Wir steigen einen anderen, einen ziemlich stillen Weg ins Tal zurück. Von der Hochiß westwärts, wie beim Aufstieg, geht es zurück in Richtung Streichkopf. Wenn der Aufstiegsweg links abbiegt, folgt man auf einem Pfad dem Gipfelklamm, klettert durch das Rote Klamml (eine mit Drahtseilen gesicherte Felsrinne) kurz ab und quert dann fast eben nach links zum nahen Streichkopfgatterl (2196 m). Von hier sieht man auf den türmereichen Felskamm des Klobenjochs (2041 m) über der paradiesisch stillen Kotalm-Senke. Wo der Felskamm des Klobenjochs unter uns endet, befindet sich das Steinerne Tor, auch Kotalmtörl genannt (s. Foto von Tour 30). Hier rasten wir hoch überm Achensee, hoch über der Baumgrenze, und wenn wir auch nicht mehr, wie am Hochiß-Gipfel, die Zentralalpenkette vor uns haben, sehen wir nun umso genauer ins östliche Karwendel hinein.

Das letzte Stück des Abstiegs ist einfach: südwestwärts die trockene Mulde hinab zum Dalfazer-Hochleger (1693 m) laufen, Flüssiges trinken, und weiter über die Durraalm nach Maurach ans Ufer des Achensees wandern.

Als kühnes Horn präsentiert sich die Hochiß dem Betrachter von Osten her. Rechts bricht das Massiv mit der schattigen Nordwand zu den Karen ab, links quert der Normalanstieg durch die Rasenhänge und unter dem felsigen Gipfelaufbau durch, um zuletzt von Westen her den höchsten Punkt zu erreichen.

33 Pasillalmen und Seebergspitze
Im hintersten Karwendel, ganz nah am Achensee

BERGTOUR
2085 m
Mit Kindern ab 14 Jahren
1 Tag

Talorte: (A) Pertisau (952 m)
(B) Achensee (924 m)

Charakter: Sehr einsame Bergwanderung, für trittsichere Geher ohne Probleme. Bei (B) ist der Weg im Oberautal teilweise zugewachsen bzw. nur durch Trittspuren erkennbar. Beste Zeit: Anfang Juli bis Ende Oktober.

Gehzeiten: (A) Aufstieg 3 Std., Abstieg 1½ Std.
(B) Aufstieg 3½ Std., Abstieg 2½ Std.

Hütten/Almen: Pletzachalm (1040 m, privat, ÜN), Seekaralm (1469 m, privat)

Verlauf: (A) Pertisau – Pletzachalm – Pasillsattel – Seebergspitze – Pertisau
(B) Achensee – Oberautal – Pasillsattel – Seebergspitze – Seekarspitze – Seekaralm – Achensee

Karten: AV 5/3, Karwendelgebirge, 1:25 000; FB 323, Karwendel, 1:50 000

Bahn & Bus: DB/ÖBB München – Kufstein – Jenbach, PB Jenbach – Pertisau bzw. PB Jenbach – Achensee

Manchmal hat es schon einen Sinn, sein Augenmerk auch einmal auf scheinbar unbedeutende Gipfel zu richten – vor allem dann, wenn sie im Nahbereich berühmter oder bekannter Gipfel oder Orte stehen. Das Karwendel sollte jeder Münchner kennen, weil dort die Isar entspringt; den Achensee kennt man, weil er einer der schönsten Seen in den Münchner Hausbergen ist. Im Gegensatz etwa zu den eher lieblichen Bergen um Tegernsee und Schliersee steigen hier die Bergflanken wie bei einem norwegischen Fjord viel schroffer vom Ufer in die Höhe. Dass aber hier, am Ostrand des Karwendels, in den eher unscheinbar wirkenden Vorgipfeln, ein »Schmankerl« auf den Bergfreund wartet, wird manch einen verblüffen.

Die Seebergspitze (2085 m), mit einer 1100 Meter hohen Steilflanke direkt über dem Surfrevier aufragend, ist nach wie vor ein stilles Platzerl – oben jedenfalls. Unten ist das anders, denn an ihrem Fuß führt ein interessanter Wanderweg entlang, der Pertisau mit dem Nordende des Sees verbindet und auf halber Strecke bei der Gaisalm mit einer Brotzeitstation lockt. Ohne größere Steigungen, stets nah am See und fern der Gipfel – das lockt Wanderer natürlich in größeren Scharen an, und von Stille und Einsamkeit kann keine Rede sein. Oben aber kann es einem höchstens passieren, dass einen die Murmeltiere auspfeifen, wenn man so unangekündigt dahermarschiert, oder ein Gamsrudel ein paar Sätze weit flüchtet, nur um den Eindringling gleich neugierig zu mustern. Womit man auch zu rechnen hat: dass die Steige manchmal aufhören, abgerissene Hänge oder Gräben zu kleinen Umwegen zwingen, man durch Latschenfelder stolpert – ein Ausflug in eine Urwelt!

Pertisau am südlichen Ende des Achensees ist der günstigste Ausgangspunkt für den Weg zur Seebergspitze. Gemütlich, ohne nennenswerte Steigung führt er hinein ins Gerntal zur bewirtschafteten Pletzachalm (1040 m). Dort allerdings ist die Schonzeit für die Wadln vorbei: Ein alter Steig führt nordwärts hinauf über Branntweinseite, Mahdgraben und Mahdbergl zum Pasillsattel (1680 m). Gute 600 Höhenmeter sind das, und derjenige, der den Verlockungen der Pletzachalm nicht widerstehen hat können, wird seine »Schwäche« jetzt verfluchen – wenn er genug Luft dazu hat.

Vom Pasillsattel aus geht es in einer Stunde über den Westgrat auf die Seebergspitze. 1200 Höhenmeter tiefer glitzert der Achensee. Gegenüber baut sich das Rofan auf, und über die Gletscherberge der Zillertaler schweift die Blickrunde zurück zum Karwendel.

Eine zweite, noch einsamere Möglichkeit, diese Aussichtskanzel zu ersteigen, ist der Weg vom Nordende des Sees durch das Oberautal zum Pasillsattel. Um dann nicht auf der gleichen Route wieder absteigen zu müssen, bietet sich hier die Panorama-Überschreitung zur Seekarspitze (2053 m) an. Es gibt keinen »offiziellen« Weg hinüber, aber im Laufe der Zeit ist doch ein richtiges Steiglein entstanden, oder es sind zumindest deutliche Steigspuren zu erkennen.

Von der Seekarspitze führt dann steil ein Steig über die Seekaralm und weiter durch den Seebergwald hinunter zum Achensee – ein stiller und abseitiger Rundweg.

Mehr als 1000 Meter tiefer als der Gipfel der Seebergspitze liegt der Achensee wie ein nordischer Fjord zwischen Karwendel und Rofan. Deutlich zeigt das Bild die herbstliche Inversionslage, bei der die warme Luftschicht in der Höhe die kalte Schicht am Boden wie einen Deckel niederhält – ideale Bergwander-Bedingungen.

34 Juifen und Demeljoch
Im Waldgebirge zwischen Dürrachtal und Achenpass

BERGWANDERUNG
1988 m
Mit Kindern ab 12 Jahren
1 Tag

Talort: Fall (773 m), AP B 307 (Höhe Rauchstubenalm, 800 m); EP B 307 (Mündung der Walchen in den Sylvensteinspeicher, 2 km zum AP)

Charakter: Sehr schöne, stille Bergwanderung, ohne Schwierigkeiten für trittsichere Bergwanderer. Beste Zeit: Ende Juni bis Ende Oktober.

Gehzeit: 7 Std. insgesamt

Hütten: keine

Verlauf: Rauchstubenalm – Hühnerbachtal – Pitzbachtal – Rotwandalm – Juifen – Rotwandalm – Zotenjoch – Demeljoch – Dürrnbergjoch – Kirchmairalm – B 307

Karten: BLVA UK L5, Karwendelgebirge – Werdenfelser Land, 1:50 000; FB 323, Karwendel, 1:50 000

Bahn & Bus: BOB München – Lenggries, Bergsteigerbus Lenggries – Sylvensteinspeicher (weiter zum Ausgangspunkt nur per Autostopp)

Das Karwendelgebirge mit seinen vier gewaltigen Felsketten ist ein schroffes Gebirge mit dramatischen Szenerien. Das etwas abseits gelegene Waldgebirge zwischen Rißbach und Achenpass – Vorkarwendel genannt – ist dagegen in den Bergformen etwas sanfter – und noch stiller! Nicht zerrissene Grate, senkrechte Felsmauern und endlose Schuttströme lenken hier die Blicke; vielmehr gilt es, auf die kleinen Wunder am Weg zu achten, im Bergwald, auf weiten, freien Jochen.

Wählen Sie also einmal nicht eines der Renommierziele im Karwendel, sondern wandern Sie auf das Demeljoch über dem Sylvensteinsee, auf Tiroler Boden hinauf, auf bayrischem hinunter. Kurz nach dem Sylvensteinsee verläuft die deutsche Alpenstraße in Richtung Achenkirch auf 200 Meter Länge auf österreichischem Boden – nur dank der Hoheitsschilder nimmt der Autofahrer den kleinen Grenzverkehr überhaupt wahr! Genau dort steht die Rauchstubenalm (800 m), der Ausgangspunkt unserer Tour.

Wenn es auch die erste Stunde auf einer Forststraße dahingeht, so soll sich deswegen keiner entmutigen lassen: Es kommt noch ganz anders! Wir bummeln also ums Eck herum ins Hühnerbachtal hinein, biegen im zweiten Tobel links ab, steigen in einer Wegschleife bei der Silberberghütte im Bergwald etwas steiler aufwärts und folgen einem weiteren Fahrweg, der in den Sattel westlich des Juifen zielt, einem aus dieser Perspektive geradezu eindrucksvollen Berg. Bis zur Silberberghütte waren es vor allem die Wasserspiele von Hühner- und Pitzbach, herrliche Gumpen und kleine Wasserfälle, ihr Gurgeln und Tosen, die unsere Sinne reizten.

Endlich geht der »Wirtschaftsweg« dann in einen Fußweg über, und eine ¾ Stunde später stehen wir neben der Rotwandalm (1528 m) im Sattel zwischen dem Juifen links und dem Demeljoch rechts. Den Gipfel des Juifen (1988 m) »packt« ein schneller Wanderer auf gutem Weg in 1 Stunde, zum Demeljoch (1923 m) dauert's auf Steigspuren und teilweise weglos über das Zotenjoch hinweg etwa genauso lang – wer sich da nicht entscheiden mag oder einfach »ganz sakrisch beinand« ist, »macht« beide.

Spätestens auf dem Demeljoch sind auch die letzten Skeptiker meist von der »Klasse« dieses Vorbergs überzeugt: Vor uns liegt das große Karwendel-Panorama, in der Tiefe der Sylvensteinsee und das Isargries. Wer den Boden von Fall nicht irgendwann einmal auf Gemälden oder alten Fotografien gesehen hat, wird sich kaum vorstellen können, wie es war, bevor die Staumauer erbaut und das alte Fall im See ertränkt waren.

Der Abstieg – auf bayrischem Boden – ist leicht zu finden: Er folgt dem Grat nach Westen zum Dürrnbergjoch und dessen in einem weiten Bogen nach Nordosten einschwenkenden Fortsetzung bis hinunter zur Klamm, durch die die Walchen in den Stausee hinuntersprudelt.

Der Hochleger der Rotwandalm bildet das erste Etappenziel bei der Überschreitung des Demeljochs, im stillen Vorkarwendel zwischen Achental und Isarwinkel gelegen. Verlockend nah steht über den Almhütten der wuchtige Juifen, den aber nur konditionsstarke und schnelle Wanderer in diese Tour einbauen sollten.

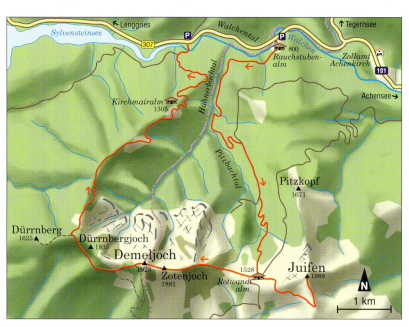

35 Die Östliche Karwendelspitze

Karwendeltal – Hochalmsattel – Kleiner Ahornboden – Johannestal

BERGTOUR
2538 m
Mit Kindern ab 14 Jahren
2 Tage

Talorte: Scharnitz (964 m); Hinterriß (928 m)

Charakter: Lange Bergtour auf den höchsten Gipfel der Vorderen Karwendelkette. Für trittsichere Geher ohne Schwierigkeiten. Beste Zeit: Juli bis Mitte Oktober.

Gehzeit: Aufstieg 6½ Std., Abstieg 4 Std.

Hütten/Almen: Larchetalm (1173 m, privat, ÜN), Karwendelhaus (1765 m, DAV)

Verlauf: Scharnitz – Karwendeltal – Karwendelhaus – Wank – Östliche Karwendelspitze – Grabenkar – Hochalmsattel – Kleiner Ahornboden – Johannestal – Hinterriß

Karten: AV 5/1 und 5/2, Karwendelgebirge, 1:25 000; BLVA UK L5, Karwendelgebirge – Werdenfelser Land, 1:50 000; FB 323, Karwendel, 1:50 000

Bahn & Bus: DB München – Scharnitz bzw. BOB München – Lenggries, Bergsteigerbus Lenggries – Hinterriß

Wenn man an Föhntagen von München südwärts schaut, erblickt man das unverkennbare Paar Östliche Karwendelspitze (2538 m) – Vogelkarspitze (2524 m): die erste spitz, die zweite mit plattem Gipfel, beide durch eine tiefe Scharte getrennt und verbunden. Sie überragen als blaue Silhouette den dunklen Vorbergkamm von Benediktenwand – Glaswand – Rabenkopf, und wer genau hinschaut, sieht neben ihnen noch die Birkkarspitze hervorlugen mit dem ewigen Schneefleck unterm Gipfel.

Was aus der Ferne so schroff und unnahbar erscheint, zeigt sich vom Karwendelhaus aus ganz anders. Die Östliche Karwendelspitze trägt gegen Süden keine protzige Kalkwand, sondern den steilen Schrofenrücken »im Wank«, der vom Haus her den Gipfel verdeckt. Dieser Wank ist rechts und links in geradezu modellhafter Symmetrie von Karen eingefasst, gleich großen, runden und steilen Geröllbuchten: das Westliche Vogelkar und das Östliche Grabenkar genannt. Wer am Morgen vom Karwendelhaus aufbricht, um den 2–3-stündigen Aufstieg zu unternehmen, hält sich ab dem Hochalmsattel (1803 m) zunächst an den nordwestwärts am Hang in Richtung Bärnalpl ziehenden Jagdsteig, zweigt dann am vom Grabenkar herabziehenden Graben rechts ab und steigt auf guten Steigspuren die Sandreißen in Richtung Vogelkar auf, ohne jedoch das Vogelkar zu betreten. Denn vorher kann man, den Spuren folgend, die Schrofen- und Grashänge des Wanks benutzen, die da und dort von glatten Platten und Geröllflecken unterbrochen werden. Hat man den Vorgipfel erreicht, so ist man mit wenigen Schritten auch auf dem Gipfel der Östlichen Karwendelspitze, dem höchsten Punkt der Vorderen Karwendelkette.

Für den Abstieg durch das Grabenkar werden jetzt Aufmerksamkeit und Trittsicherheit verlangt. Er ist wegen des vielen Gerölls nicht ganz einfach. Man umgeht die Gipfelscharte westlich und gelangt nach links im Bogen in die oberste Mulde des Grabenkars. Von hier führen Schrofen tiefer und in die vom Gipfel ins Kar ziehende Steilrinne. So erreicht man den nächsten Geröllboden und die Fußspuren, die in Kehren hinab zum Hochalmsattel leiten.

Wer seinen Wagen nicht in Scharnitz stehen hat und dorthin zurückeilen muss, kann jetzt zum Kleinen Ahornboden absteigen und durch das Johannestal nach Hinterriß hinauswandern – ein unvergesslich schöner Weg.

Die beschriebene Tour dauert vom Karwendelhaus und dorthin zurück nur 4–5 Stunden, der Abstieg nach Hinterriß nimmt 2–3 Stunden in Anspruch, der Marsch durchs Karwendeltal westwärts nach Scharnitz hinaus 3 Stunden.

Leichter als gedacht lässt sich die schrofige Südflanke der Östlichen Karwendelspitze ersteigen. Rechts am Bildrand ist das Grabenkar zu erkennen, links zwischen Östlicher Karwendelspitze und Vogelkarspitze ist das Vogelkar zu ahnen. Im Vordergrund die Hochalm.

36 Mittenwalder Höhenweg
Drahtseilakte über der jungen Isar

BERGTOUR
2384 m
Mit Kindern ab 14 Jahren
1 Tag

Talort: Mittenwald (912 m), Seilbahn bis unter die Westliche Karwendelspitze

Charakter: Die schöne, genussreiche und teilweise sehr luftige Tour über den bekanntesten Klettersteig des Karwendels verlangt unbedingt Trittsicherheit und Schwindelfreiheit sowie komplette Klettersteigausrüstung! Beste Zeit: Mitte Juli bis Ende September.

Gehzeit: 6 Std. insgesamt

Hütten/Almen: Tiroler Hütte (2153 m, privat, ÜN), Brunnsteinhütte (1523 m, DAV)

Verlauf: Bergstation Karwendelbahn – Linderspitzen – Sulzleklammspitze – Kirchlspitze – Tiroler Hütte – Brunnsteinhütte – Mittenwald

Variante: Nördlich der Mittleren Linderspitze zweigt nach Südwesten der Heinrich-Noe-Weg ab, der direkt zur Brunnsteinhütte führt. Die ausgesetzten Stellen sind gesichert.

Karten: AV 5/1, Karwendelgebirge, 1:25 000; BLVA UK L5, Karwendelgebirge – Werdenfelser Land, 1:50 000; FB 323, Karwendel, 1:50 000

Bahn & Bus: DB München – Mittenwald

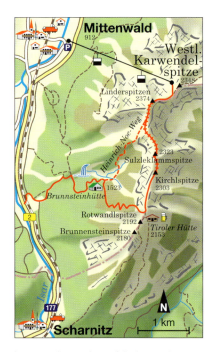

Ganz Hartgesottene steigen in aller Herrgottsfrüh von Mittenwald aus hinauf zur Bergstation der Karwendelbahn, um die richtige »Betriebstemperatur« für das Folgende zu haben: den Mittenwalder Höhenweg.
Als bergsteigerischer Normalverbraucher sollte man sich allerdings nicht scheuen, die Aufstiegshilfe der Seilbahn in Anspruch zu nehmen. Denn die gut 3-stündige, zum Teil ausgesetzte Gratwanderung und der lange Abstieg sorgen schon dafür, dass man am Abend mit müden Gliedern zufrieden ins Bett geht.

Hat man erst den weiten Karkessel mit der Bergstation, den Scharen von Halbschuhtouristen und die Warteschlange zum Gipfel der Westlichen Karwendelspitze hinter sich gelassen, dann ist man zwar nur ganz selten allein, aber zumindest unter Gleichgesinnten. Denn eine einsame Tour ist der Mittenwalder Höhenweg nicht. Wohl dosierter Nervenkitzel und atemberaubende Weit- und Tiefblicke entschädigen jedoch im Übermaß für mögliche Wartezeiten vor den luftigen, aber mit Drahtseil, Eisenklammern und Bretterstegen bestens gesicherten Schlüsselstellen.
Am Aufschwung zu den Linderspitzen wird es ernst. Eine Leiterreihe führt den ersten Felskopf hinauf, und dann geht es immer am Felsgrat entlang über die Nördliche Linderspitze hinweg zum Gatterl. Die reizende Turnerei setzt sich an Mittlerer und Südlicher Linderspitze in gleicher Weise fort, dann darf man am Gamsangerl wieder verschnaufen und kann dabei gleich das nächste Felshindernis, die steile Sulzleklammspitze, inspizieren. Bei ihr verlässt der Weg die eigentliche Grathöhe und führt links herum, von Osten, auf den Gipfel.
Die Hauptschwierigkeiten sind jetzt vorbei, nach der Überschreitung der Kirchlspitze senkt sich der Kamm, und bald hat man den Brunnsteinanger, eine breite Wiesenmulde vor Rotwandl- und Brunnsteinspitze, mitsamt der kleinen Tiroler Hütte erreicht. Hier zweigt der Weg nach rechts ab und führt in steilen Serpentinen über Geröllhänge und durch Latschenfelder hinunter in Richtung Brunnsteinhütte. Im Hochsommer und an sonnigen Herbsttagen steht hier die Hitze zwischen den Latschen, Harzduft liegt in der Luft. Spätestens jetzt klebt die Zunge am Gaumen, und die kühle Radlermaß vor der Brunnsteinhütte wird zum ersehnten Etappenziel.
Wer nach den ersten Klettersteigeinlagen feststellt, dass er auf der falschen Tour ist, hat am Gatterl, nördlich der Mittleren Linderspitze, die Möglichkeit, auf dem hier von der Tiroler auf die bayrische Seite wechselnden Heinrich-Noe-Weg durch teilweise schrofiges Gelände direkt zur Brunnsteinhütte abzusteigen. Auch hier sind die ausgesetzten Stellen mit Drahtseilen gesichert. Die elegantere Route bleibt aber in jedem Fall jene über den Gipfelkamm.

Ein luftiges Vergnügen stellen die ausgesetzten Gratpassagen am Mittenwalder Höhenweg dar. Die beiden Bergsteiger im Vordergrund beginnen soeben die Überschreitung von Mittlerer und Südlicher Linderspitze. Danach stellt sich ihnen noch (links hinten) der Felszacken der Sulzleklammspitze in den Weg. Die Aussicht, zum Beispiel zu den Stubaier Firngipfeln (rechts hinten Lisenser Fernerkogel und Schrankogel), kann man nur beim Rasten wirklich genießen.

37 Auf den Wörner
Über acht Karwendelkaren – zwischen Larchetalm und Hochlandhütte

KLETTERTOUR
2476 m
Nichts für Kinder
1 Tag

Talort: Mittenwald (912 m)

Charakter: Leichte Klettertour (II-) auf einen der auffallendsten Karwendelgipfel. Nur für trittsichere und schwindelfreie Geher, teilweise brüchiger Fels. Beste Zeit: Mitte Juli bis Mitte Oktober.

Gehzeit: Aufstieg 4½ Std., Abstieg 3 Std.

Hütten/Almen: Hochlandhütte (1623 m, DAV)

Verlauf: Mittenwald – Untere Kälberalm – Hochlandhütte – Wörnersattel – Wörner

Karten: AV 5/1, Karwendelgebirge, 1:25 000; BLVA UK L5, Karwendelgebirge – Werdenfelser Land, 1:50 000; FB 323, Karwendel 1:50 000

Bahn & Bus: DB München – Mittenwald

Die vom Johannestal kommende Nördliche Karwendelkette macht am Wörner (2476 m) einen scharfen Knick nach Süden. So steht dieser Karwendelberg nun als mächtiger Eckpfeiler hoch über Mittenwald und dem Werdenfels. Neben dem Wörner fällt die kräftige Pyramide der Tiefkarspitze ins Auge, deren Besteigung aber einen ganzen Grad schwieriger (III) ist und die eher in ein Buch mit leichten Klettereien gehört.

Der Wörner zählt sicher zu den wenig besuchten Münchner Hausbergen, denn sein Normalanstieg von der Hochlandhütte und vom Steinkarlgrat her durch die Westflanke ist nicht ganz leicht (II). Das Gestein ist zudem stellenweise brüchig, auf den Felsen liegt unangenehmer Gesteinsschutt, und in den Steilrinnen können sich bis spät in den Sommer hinein Schneereste halten. Der Weg ist schlecht gekennzeichnet, die Wegführung etwas verwinkelt; nur die gut erkennbaren Steigspuren der vielen Bergsteiger geben eine einigermaßen sichere Richtung an. Zugegeben, das alles klingt nicht sehr einladend, aber …

Beim Wörner gehen wir 1 Stunde von der Hochlandhütte zum Einstieg am grünen Steinkarlgrat, der direkt an die Felsen stößt: Nagelkratzer deuten gerade in die Höhe, dann orientiert man sich an Steigspuren und Steinmandln zu einem leicht begrünten Schuttfeld. Nach Erreichen des Grats bleiben wir rechts unter ihm und folgen – wichtig! – einem Gamswechsel in die Westflanke hinein. Hier queren wir mit geringem Höhenverlust einige Rinnen, bis sich links eine kaminähnliche Rinne öffnet (ein rotes W markiert diese Stelle), an der man nicht vorbeirennen darf. Da die Rinne oft noch schneegefüllt ist oder zumindest viel Schutt aufweist, weicht man hier besser aus und klettert über die Felsen auf der rechten Seite (nur wenige Steinmandln) in die Höhe – wobei man die entsprechende Vorsicht im viel geschmähten »Karwendelbruch« nicht vergessen sollte. Noch unter der Grathöhe klettern wir schräg links hinauf zum Gipfelkreuz. Jetzt hat man Zeit, sich bewusst zu machen, dass eine Tour, die eben nicht so leicht »vom Fuß geht«, durchaus ihre Reize hat. Nach der Anspannung und körperlichen Belastung des Anstiegs ist die Befriedigung am Gipfel besonders groß, und der Ausblick von dort oben tut das Seine noch dazu: Da sind das Wetterstein, die an Hochkaren reiche Nordfront der Hauptkette des Karwendels und der Blick hinüber zur Soiernspitze, die allerdings von hier nicht die charakteristische, quergeschichtete Pyramidenform aufweist.

Eine Warnung: Der Wörner ist kein leichter Berg, jedenfalls nicht für Anfänger! Über Bergerfahrung und absolute Trittsicherheit in felsigem Gelände muss jeder Gipfelaspirant verfügen. Die Tour ist lang, und in diesem Gelände gibt es kein Davonspringen, wenn ein Unwetter kommt.

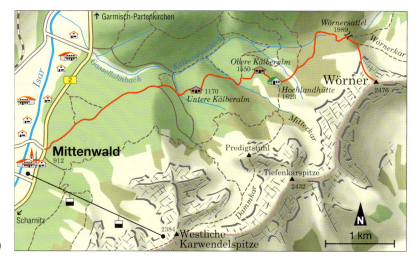

Die Westwand des Wörners, die in der Draufsicht aus dem Tal – und auch auf diesem Luftbild – oft erschreckend steil ausschaut, entpuppt sich aus der Nähe als gar nicht so »gaache« Fels- und Schrofenflanke. Das Bild zeigt, dass man beim Aufstieg durch die vielen Rinnen einen guten Orientierungssinn benötigt – und alpine Erfahrung!

38 Soiernspitze und Schöttelkarspitze
Die romantische Umrahmung des Soiernkessels

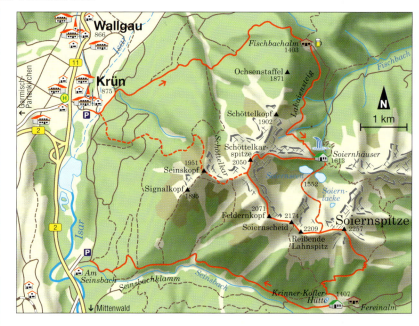

BERGTOUR
2257 m
Mit Kindern ab 14 Jahren
2 Tage

Talorte: Krün (875 m); Mittenwald (912 m), EP Parkplatz an der B 2 (Campingplatz am Horn)

Charakter: Sehr schöne, an Wochenenden überlaufene Bergwanderung in geologisch hochinteressanter Landschaft. Der Gratübergang Schöttelkarspitze–Soiernspitze ist nur für trittsichere Geher ohne Schwierigkeiten. Beste Zeit: Anfang Juli bis Ende Oktober.

Gehzeit: Aufstieg 7½ Std., Abstieg 3 Std.

Hütten/Almen: Fischbachalm (1403 m, privat), Soiernhäuser (1613 m, DAV), Krinner-Kofler-Hütte (1407 m, DAV, nur Übernachtung, Speisen und Getränke im benachbarten Jägerhaus)

Verlauf: Krün – Fischbachalm – Soiernhäuser – Schöttelkarspitze – Soiernspitze – Fereinalm – Seinsbachtal – Parkplatz an der B 2 (Campingplatz am Horn)

Varianten: (A) Die Schöttelkarspitze kann schneller erreicht werden, indem man von Krün über den Seinskopf direkt aufsteigt, 3 Std.
(B) Bedeutend schneller, aber nicht so schön wie der Gratübergang, ist der direkte Anstieg von den Soiernhäusern über die Soiernscharte auf die Soiernspitze.

Karten: BLVA UK L5, Karwendelgebirge – Werdenfelser Land, 1:50 000; FB 323, Karwendel, 1:50 000

Bahn & Bus: DB München – Garmisch-Partenkirchen, Bus Garmisch-Partenkirchen – Krün bzw. DB München – Mittenwald und Bus nach Krün

Wir Münchner Bergfreunde und alle unsere einsichtigen »Zuagroasten« sollten davon profitieren, dass mitten im Zeitalter des Reisewahns und der Kreislaufstörungen schon eine geforderte Steigmühe von 4 Stunden Anlass ist, dass niemand – zum Beispiel – auf die Soiernspitze (2257 m) steigt. Oder sagen wir: wenige Menschen. Unten aber rasen pro Saison Hunderttausende an Krün und Mittenwald vorbei und nehmen die großartige Umgebung nur durch den Rahmen der Autofenster wahr.

Man geht 4 Stunden von Krün auf die Soiernhäuser (ehemalige königliche Jagdhäuser) und weitere 2–3 bis zum Gipfel der Soiernspitze, dem höchsten Punkt im großen Hufeisen um die beiden runden Seeaugen unter den Soiernhäusern. Wer faul ist oder ein talentierter Träumer, der muss gar nicht auf die Soiernspitze, der folgt halt nur dem ehemaligen Reitweg bis zur Schöttelkarspitze (wo der »Kini« einst ein Belvedere hatte errichten lassen) oder legt sich gleich ans Ufer der kleinen Seen.

Jeder Münchner Bergfreund, der seiner Gesundheit nicht Feind ist, sollte einmal von den Soiernhäusern aus über Schöttelkarspitze (2050 m) – Feldernkreuz (2048 m) – Feldernkopf (2071 m) und Reißende Lahnspitz (2209 m) zur Soiernspitze gewandert sein: Da geht er das große Hufeisen an seinem felsigen Kamm ganz aus. Man hat viel Zeit zum Schauen, lernt die Vordere Karwendelkette »auswendig«, macht selbst mit der Hauptkette Bekanntschaft und hat das ganze Wettersteinmassiv vor sich. Südseitig zur Fereinalm und der Krinner-Kofler-Hütte hinunter geht man in 1½ Stunden.

Was den Anstiegsweg von Krün her betrifft, so achte man darauf, dass es ab der Fischbachalm (1403 m) zwei Möglichkeiten des Weiterwegs gibt: Erstens den Lakaiensteig König Ludwigs II., der tief in Gräben hineinführt, mit felsigen Stellen (gut mit Drahtseilen gesichert) und Runsen; zweitens die Forststraße von der Fischbachalm erst abwärts zum Hundsstall (1238 m), dann südlich, am Schluss in kurzen Serpentinen eine steile Sandreiße querend und einen Wasserfall passierend zum oberen Soiernhaus – das alles nicht ganz so eindrucksvoll, aber bei gleicher Gehzeit.

Blick in den Soiernkessel und zur Schöttelkarspitze, in deren Ostflanke deutlich das Zickzackmuster des ehemaligen Reit- und heutigen Fußwegs zum Gipfel zu erkennen ist. Im Hintergrund das Wettersteinmassiv mit Alp- und Zugspitze.

39 Über die Ödkarspitzen
Auf den Hauptkamm des Karwendelgebirges

BERGTOUR
2745 m
Mit Kindern ab 14 Jahren
2 Tage

Talort: Scharnitz (964 m)

Charakter: Sehr lange und anstrengende Bergtour auf die höchsten Karwendelgipfel. Gute Kondition und Trittsicherheit sind Voraussetzung. Beste Zeit: Mitte Juli bis Anfang Oktober.

Gehzeiten: (A) Aufstieg 7½ Std., Abstieg 6 Std.
(B) Aufstieg 7 Std., Abstieg 6 Std.

Hütten/Almen: Larchetalm (1173 m, privat, ÜN), Karwendelhaus (1765 m, DAV)

Verlauf: (A) Scharnitz – Karwendelhaus – Brendelsteig – Ödkarspitzen – Birkkarspitze – Schlauchkar – Karwendelhaus – Scharnitz
(B) Scharnitz – Karwendelhaus – Schlauchkar – Birkkarspitze – Birkkar – Hinterautal – Scharnitz

Besonderer Hinweis: Auf dem Schlauchkarsattel steht eine kleine Unterstandshütte.

Karten: AV 5/1 und 5/2, Karwendelgebirge, 1:25000; BLVA UK L5, Karwendelgebirge – Werdenfelser Land, 1:50000; FB 323, Karwendel, 1:50000

Bahn & Bus: DB München – Scharnitz

Das Karwendelgebirge bildet nicht wie das Wetterstein einen kompakten Gebirgsstock. Es ist vielmehr ein stark verzweigtes, aus vier mächtigen, parallel laufenden Bergketten aufgebautes Gebirge, mit vielen Seitenzweigen und noch mehr abseitigen Karböden; nicht leicht zugänglich und schwer zu charakterisieren. Umso mehr hat es bei seinen vielen Liebhabern, das sind seine intimen Kenner, den Ruf eines wahren Wunderlands. Es gab und gibt viele Münchner und Innsbrucker, man denke nur an den Erzkletterer Otto Herzog, an den Nanga-Parbat-Helden Hermann Buhl oder an den Sportkletterer Heinz Zak, denen das Karwendel zur Bergheimat wurde. Obwohl sein Gestein als unzuverlässig, splittrig und brüchig gilt, im Gegensatz zum festen Wettersteinkalk.

Wer einen besonders guten Einblick in dieses Karwendelgebirge gewinnen will, sollte eine der folgenden beiden Tourenvarianten unternehmen: durchs Karwendeltal ansteigen (oder im Stil unserer Zeit mit dem Mountainbike von Scharnitz hineinradeln), auf dem Karwendelhaus nächtigen und dann entweder über den Brendelsteig (für Geübte) aufsteigen und die Ödkarspitzen von West nach Ost überschreiten, um durch das Schlauchkar wieder zur Hütte zurückzukehren, oder (leichter) durch das Schlauchkar aufsteigen, dann über den Schlauchkarsattel und den teilweise gesicherten Gipfelaufbau auf die Östliche Ödkarspitze. Der Übergang zur Mittleren Ödkarspitze ist leicht; vorsichtig sollte man allerdings am oft geröllbedeckten Fels und an der 3-Meter-Steilstufe vor der Scharte sein. Was das Schlauchkar betrifft, so stimmt sein Name übrigens in zweierlei Hinsicht: Das Kar ist ein mit Sand, Geröll und bis in den Frühsommer auch mit Firnresten gefüllter Schlauch zwischen schroffen Felswänden; und weil's so weit hinaufgeht, empfindet der Wanderer hier den Aufstieg als einen richtigen »Schlauch« – nicht als Plage ...

Mit guter Kondition lässt sich bei dieser Tour mit einem Abstecher vom Schlauchkarsattel noch schnell der höchste Karwendelgipfel, die 2749 Meter hohe Birkkarspitze, mitnehmen. Für den Abstieg gibt es – neben der Rückkehr zum Karwendelhaus – die Möglichkeit, vom Sattel aus südwärts ins Birkkar und zwischen Kaltwasserkarspitze und Birkköpfen hinab ins Hinterautal zu gehen. Von da marschiert man mit der jungen Isar noch reichliche 3 Stunden nach Scharnitz hinaus. Hier wie dort steht man auf den schönsten Gipfeln und im Zentrum der höchsten und interessantesten Karwendelkette, zu der auch die Laliderwände gehören, die Spritzkarspitze und die Lamsenspitze (als östlicher Eckpfeiler). Wer sich für die reine Fußgängervariante entscheidet, also das Karwendeltal hinein- und das Hinterautal hinausspaziert, bekommt von der Herrlichkeit dieses Gebirges den denkbar besten Eindruck. Man muss nur die Augen offen halten.

Wer klug ist, sucht das Karwendel aber erst auf, wenn der sommerliche Touristenstrom verebbt ist. Im September ist es dann schon stiller im Karwendel, im Oktober ist es am schönsten.

Durch das steile Schlauchkar führt der Steig vom Karwendelhaus auf die Birkkarspitze. Der höchste Karwendelgipfel ist ein begehrtes Ziel und für trittsichere und schwindelfreie Geher ohne Probleme zu besteigen.

40 Auf die Lamsenspitze
Eckpfeiler über Eng, Falzthurntal, Stallental und Vomper Loch

BERGTOUR
2508 m
Mit Kindern ab 14 Jahren
1 Tag

Talorte: Pertisau (952 m), AP Ghs. Gramai (1263 m, Mautstraße von Pertisau); Hinterriß (928 m), AP Ghs. Eng (1203 m, Mautstraße von Hinterriß)

Charakter: Schöne Bergtour für trittsichere und schwindelfreie Geher, der Anstieg durch die Südflanke ist teilweise mit Drahtseilen gesichert. Steinschlaggefahr! Beste Zeit: Anfang Juli bis Mitte Oktober.

Gehzeiten: (A) Aufstieg 4 Std., Abstieg 2½ Std.
(B) Aufstieg 4½ Std., Abstieg 2½ Std.

Hütten/Almen: Binsalm (1503 m, privat, ÜN), Lamsenjochhütte (1953 m, DAV)

Verlauf: (A) Gramai – Lamsenjochhütte – Lamsenspitze
(B) Eng – Binsalm – Lamsenjochhütte – Lamsenspitze

Variante: Wer zwei Tage Zeit hat, sollte unbedingt die Hochnisslspitze durch den Lamstunnel besteigen: ein eindrucksvoller Anstieg auf einen hervorragenden Aussichtsberg.

Karten: AV 5/3, Karwendelgebirge, 1:25000; BLVA UK L5, Karwendelgebirge – Werdenfelser Land, 1:50000; FB 323, Karwendel, 1:50000

Bahn & Bus: BOB München – Tegernsee, Bergsteigerbus Tegernsee – Gramai bzw. BOB München – Lenggries, Bergsteigerbus Lenggries – Hinterriß

Von fast allen Gipfeln zwischen Isarwinkler und Tegernseer-Schlierseer Vorgebirge bis zum Rofan erkennt man die auffallende Form der 2508 Meter hohen Lamsenspitze und ihrer glatten Nordostkante. Die Lamsenspitze ist der vorletzte östliche Pfeiler der großen Vomper Kette; weit an den tiefen Inntalboden vorgeschoben, dominiert sie über vier typischen Karwendeltälern: Hermann von Barths grandios-gefährlichem Vomper Loch, über dem anmutigen Stallental, dem zauberhaften, von stärksten Kontrasten bestimmten Falzthurntal und über dem einzigartigen Großen Ahornboden.

Viele Münchner Bergsteiger sind schon einmal auf der Lamsenspitze gestanden. Nicht selten nach einer schlechten Nacht, denn im Hochsommer ist die gute alte Lamsenhütte oft arg voll, und diese Enge beschert kleine Tragödien und Tragikomödien am laufenden Band.

Eines muss hier gleich gesagt sein: Die Lamsenspitze ist nichts für Bergwanderer! Man muss zumindest trittsicher und schwindelfrei sein, auch wenn am Normalweg seit einigen Jahren Drahtseilsicherungen den Anstieg deutlich erleichtern. Der Steig führt von der Hütte zum Ostwandfuß hinauf, dann südwärts über eine erste, drahtseilgesicherte und etwas ausgesetzte Wandstufe auf den Gratkamm und von hier leicht ins große Lamskar. Die Spuren und Markierungen sind nicht zu verfehlen. Auf ihnen finden wir leicht in die oberste Karmulde und zur »Turnerrinne«, durch die früher der Normalweg zum Gipfelgrat leitete. Heute hat man »nur« noch den Drahtseilen zu folgen, die wegen der geringeren Steinschlaggefahr auf einer Felsrippe parallel zur Rinne in die Höhe ziehen.

Ob wohl ein »gemeiner« Klettersteiggeher am Beginn des 21. Jahrhunderts die Triumphgefühle nachempfinden kann, die Hermann von Barth überkamen, als er 1873 den Gipfel der Lamsenspitze betrat, und seine heroischen Empfindungen in folgende Worte fasste: »Durch die Scharten des Grats, durch die schwarzen Schächte, die kerzengerade die Wand durchschneiden, fielen nur flüchtige, ich möchte sagen, verächtliche Blicke hinunter in die flimmernde Tiefe der Wiesen von Gramai. Was hat es ihr genützt, der Spröden, mit Mauerpanzern sich zu umgeben? Fand sich ja doch ihre Achillesferse und fand sich einer, der es wagte, in sie das Eisen zu stoßen! … Heran, wer sich des Widerstands vermisst! – Ich hab's gewagt!«

Die schöne Lamsenspitze mit ihrer prachtvollen Ostwand über dem Felskessel, an dessen Rand die Lamsenjochhütte steht. Der Normalanstieg führt von der Hütte am Wandfuß entlang zum Sockel des Südostgrats (links) und durch die hier nicht einsehbare Südflanke zum Gipfel.

41 Die Speckkarspitze überm Halleranger
Hinterautal – Überschalljoch – Vomper Loch

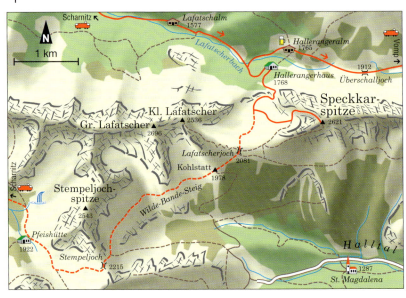

BERGTOUR
2621 m
Mit Kindern ab 14 Jahren
2 Tage

Talorte: Scharnitz (964 m), AP Ghs. Schönwieshof (1000 m); Vomp (563 m), EP Ghs. Karwendelrast (855 m)

Charakter: Die langen Talwanderungen bereiten keine Schwierigkeiten, sie erfordern nur Ausdauer. Der Anstieg zur Speckkarspitze verlangt Trittsicherheit. Beste Zeit: Juli bis Ende Oktober.

Gehzeit: Aufstieg 7 Std., Abstieg 7 Std.

Hütten/Almen: Kastenalm (1225 m, privat), Hallerangeralm (1765 m, privat, ÜN), Hallerangerhaus (1768 m, DAV)

Verlauf: Ghs. Schönwieshof – Hinterautal – Hallerangerhaus – Speckkarspitze – Hallerangerhaus – Überschalljoch – Vomper Loch – Ghs. Karwendelrast

Variante: Wer eine Rundwanderung vorzieht, steigt vom Hallerangerhaus über Lafatscherjoch und Stempeljoch zur Pfeishütte und wandert das Gleirschtal hinaus bis zum Ghs. Schönwieshof.

Karten: AV 5/1, 5/2 und 5/3, Karwendelgebirge, 1:25000; BLVA UK L5, Karwendelgebirge – Werdenfelser Land, 1:50000; FB 323, Karwendel, 1:50000

Bahn & Bus: DB München – Scharnitz bzw. DB/ÖBB München – Innsbruck, PB Innsbruck – Vomp

Um im Flachen zu wandern, braucht man nicht erst ins Karwendel fahren, das stimmt. Man kann natürlich in Gesellschaft von Gleichgesinnten bei einem der zahlreichen Volksmärsche sein schlechtes Großstädtergewissen durch die Landschaft tragen und eine Medaille nebst wunden Füßen heimbringen. Man kann aber auch – nach einem uralten Münchner Bergsteigerrezept – 5 Stunden lang durchs Hinterautal zum Hallerangerhaus wandern, anderntags aus einem wunderschönen Zirbengrund auf die Speckkarspitze (2621 m) steigen und hinterher wieder 5–6 Stunden durchs Vomper Loch ins Inntal traben: ohne Medaille und die meiste Zeit allein auf wunderschönen Gebirgspfaden.

Die Speckkarspitze ist im Grunde nur ein westlicher Pfeiler der Bettelwurfkette über dem Inntal. Der Gipfel ist vom Hallerangerhaus auf einem Steig und dann in leichter, aber etwas mühsamer Schrofenkletterei in gut 2 Stunden zu ersteigen. Der »Gipfelsieg« ist bei dieser Tour zweitrangig; vielmehr ist – wieder einmal – »der Weg« das Ziel dieses schönen, langen und auch recht anstrengenden Unternehmens im Karwendel: eine stille Bergwanderung durch das Zentrum des eigenartigsten Kalkstocks der Nördlichen Voralpen, der 2-tägige Aufenthalt in den zauberhaften Talgründen zwischen den innersten Ketten des Gebirges. Links überragen uns die berühmten Mauern von Ödkarspitzen, Birkkar- und Kaltwasserkarspitze, Spritzkar- und Lamsenspitze, rechts die weniger hohen, nur passionierten Kletterern bekannten Gipfel von Hochgleirsch, Praxmarerkarspitze und großem Lafatscher.

Wir folgen der jungen Isar bis zu ihrer Quelle, in deren Nähe zwischen alten Zirben das Hallerangerhaus wartet. Die hellen, scheinbar fugenlosen Kalktafeln von Speckkarspitze und Kleinem Lafatscher bilden dahinter imposante Urweltkulissen, zu denen sich höchst selten geh- oder radltüchtige Sportkletterer verirren. Der Pfad zur Speckkarspitze zweigt vom Weg zum Lafatscher Joch oberhalb des »Durchschlags« links ab und windet sich in großen Schleifen bis in das kleine Kar zwischen Südwest- und Nordwestgrat empor. Von dort geht man links hinauf zum Nordwestgrat, bleibt aber unter ihm, bis man durch kleine Rinnen und Schrofen den Gipfel ersteigen kann. Dort gilt der erste Blick dem eindrucksvollen, aber brüchigen Grat hinüber zum Bettelwurf. Der zweite Blick streift dessen gewaltige Nordwand und senkt sich in die Urwelt des Vomper Lochs, erinnert an Hermann von Barths herrliche Schilderung.

Der Abstieg durchs Vomper Loch folgt einem leidlich guten Steig. Er kostet aber viel Zeit, und es gibt keine Wirtschaft und keine Unterkunft bis hinaus zum Wirtshaus Karwendelrast (855 m). Dort sitzt man dann mit Engeln beim Bier …

Die Speckkarspitze beherrscht mit glatten Felswänden den grünen Talschluss der Hallerangeralm. Der Weg zum Gipfel führt durch die nach rechts abfallende Westflanke.

42 Erlspitze und Großer Solstein
Eppzirler Alm – Erlsattel – Kristental – Gleirschtal

BERGTOUR
2541 m
Mit Kindern ab 14 Jahren
2 Tage

Talort: Scharnitz (964 m), AP Gießenbach (1011 m)

Charakter: Eine lange, etwas anstrengende, aber ungewöhnlich schöne Karwendeltour mit Besteigung zweier bedeutender Gipfel auf teilweise gesicherten Steigen. Ohne Schwierigkeiten für geübte und etwas ausdauernde Bergsteiger. Beste Zeit: Juli bis Oktober.

Gehzeiten: 1.Tag: Aufstieg 5–6 Std., Abstieg 1 Std.; 2.Tag: Aufstieg 2 Std., Abstieg 4–5 Std.

Hütten/Almen: Eppzirler Alm (1459 m, privat, ÜN), Solsteinhaus (1806 m, ÖAV), Kristalm (1348 m, privat)

Verlauf: Gießenbach – Eppzirler Alm – Eppzirler Scharte – Erlspitze – Solsteinhaus – Großer Solstein – Solsteinhaus – Kristalm – Gleirschtal – Scharnitz

Karten: ÖK 117, Zirl, 1:50000; FB 323, Karwendel, 1:50000; AV 5/1, Karwendelgebirge, 1:25000

Bahn & Bus: DB München – Mittenwald – Gießenbach

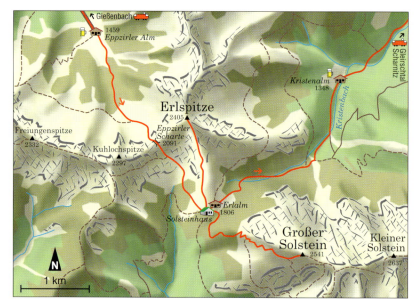

Die Eppzirler Alm wird hufeisenförmig von Bergen umgeben, deren Hauptgipfel Reither Spitze, Kuhlochspitze und Erlspitze (2045 m) heißen. In den innersten grünen Boden dieses Hufeisens wandert man vom Bahnhof Gießenbach aus hinein. Erst durch eine klammartige Enge, dann den frischen Gießenbach entlang, steht man nach 2½ Stunden vor der Eppzirler Alm. Hier schaut man wie vom Boden eines riesigen Amphitheaters auf die gewaltigen Kulissen der zerrissenen Wände ringsrum. Nichts ist zu spüren vom Bergbahnbetrieb droben am Seefelder Joch.

Der folgende Anstieg über eine scheinbar endlose Sandreiße im »Kuhloch« – einem riesigen Steilkar – zur Eppzirler Scharte auf 2091 Meter Höhe erscheint zunächst als Zumutung. Aber 600 Höhenmeter schafft jeder Bergsteiger gemütlich in 2 Stunden, wenn er gleichmäßig und langsam aufsteigt. Zum Schauen gibt's genug, und auch die Spannung wächst von Meter zu Meter, je näher man der Scharte kommt. In engen Serpentinen windet sich der Steig empor, die Nordwand der Kuhlochspitze scheint förmlich über uns einzustürzen, dann sind wir endlich oben am Schnöllbödele, wie die Eppzirler Scharte noch in manchen Karten genannt wird. Wen Durst, Hunger und Müdigkeit plagen, steigt nun ohne langes Zögern direkt hinunter zum Solsteinhaus; konditions- und willensstarke Gipfelsammler dagegen folgen dem Steig nur so lange, bis sie ungefährlich links hinauf zum Weg steigen können, der vom Solsteinhaus direkt zur Erlspitze zieht. Keinesfalls darf man zu früh nach links queren! Der Steig zur Erlspitze führt zuerst durch einen Latschengürtel und dann in vielen kurzen, teilweise gesicherten Serpentinen zum Gipfel.

Um eine Verschnaufpause kommt keiner herum, wenn er dicht am Grat jene Stelle passiert, von der man zur berühmten, schlanken Gipfelstürmernadel schauen kann, die nordseitig in einer Schlucht emporragt: ein Fotoobjekt ersten Ranges! Vom Gipfel der Erlspitze schaut man kurz darauf gerührt wie auf ein zweites »Hoamatl« zur Eppzirler Alm in ihrem abgeschiedenen Felsenzirkus hinunter.

Nach der Übernachtung im Solsteinhaus steigen wir dann früh am nächsten Morgen zum Großen Solstein (2541 m) hinauf. Vom Solsteinblick sei nichts verraten, den mag jeder als Riesenüberraschung selber erfahren! Kristental, Gleirschtal und später an der jungen Isar entlang – der Abstieg und der Weg hinaus nach Scharnitz sind lang, 4 Stunden lang, um genau zu sein. Aber wunderschön und sehr lohnend.

Zerrissene Felszacken formen die Grate der Erlspitzgruppe, der südwestlichen Bastion des Karwendels. Der Blick von der Reither Spitze zeigt im Vordergrund den Ursprungsattel (siehe Tour 43), von dem der Kamm über die Freiungenspitzen zur besonnten Erlspitze zieht. Rechts im Hintergrund die Solsteine.

43 Reither Spitze und Eppzirler Alm
Stille Kanzel vor großer Ostalpenszene

BERGWANDERUNG
2374 m
Mit Kindern ab 12 Jahren
1 Tag

Talorte: Seefeld (1180 m), Stand- und Luftseilbahn zum AP Seefelder Joch (2060 m); EP Gießenbach (1011 m)

Charakter: Schöne Bergwanderung über den südwestlichsten Vorposten des Karwendels, für geübte Geher einfach. Der Ausstieg zum Reither Joch ist mit Drahtseilen gesichert. Beste Zeit: Anfang Juli bis Oktober.

Gehzeit: Aufstieg 2 Std., Abstieg 3 Std.

Hütten/Almen: Nördlinger Hütte (2239 m, DAV), Eppzirler Alm (1459 m, privat, ÜN)

Verlauf: Seefelder Joch – Seefelder Spitze – Reither Joch – Reither Spitze – Nördlinger Hütte – Ursprungsattel – Eppzirler Alm – Gießenbach

Variante: Erfahrene und trittsichere Bergwanderer können über den Freiungen-Höhenweg (teilweise gesichert) die Eppzirler Scharte erreichen und von dort zur Eppzirler Alm absteigen, 4 Std.

Karten: ÖK 117, Zirl, 1:50000; FB 323, Karwendel, 1:50000; AV 5/1, Karwendelgebirge, 1:25000

Bahn & Bus: DB München – Seefeld bzw. DB München – Gießenbach

Der vorurteilsbeladene Münchner Bergsteiger passiert Seefeld auf seiner Umgehungsstraße gewöhnlich mit hundert Sachen. Durch die Windschutzscheibe erblickt er kurz einige Hotelpaläste, denkt an das gehobene Publikum, das tagsüber über den Golfplatz schlendert und sich abends im Spielkasino amüsiert – und gibt Gas. Kennern Seefelds kommt da der englische Schriftsteller William Hazlitt in den Sinn, der meinte, das Vorurteil sei »das Kind der Unwissenheit«, und sie erklären den Ort zum Ausgangspunkt einer großartigen Rundtour am Karwendelrand. Die Reither Spitze (2374 m) ist der Anlaufpunkt oberhalb Seefelds, und ein kurzer Blick auf die Landkarte genügt, um den Trumpf dieses Gipfels zu erkennen: Er bildet die südwestliche Ecke der Erlspitzgruppe, mit fast unbehinderter Aussicht in alle Himmelsrichtungen. Zu Recht gilt die Reither Spitze als eine der schönsten Aussichtswarten in Tirol.

Nur einen Teil des großartigen Ausblicks können jene genießen, die sich mit der Bergfahrt von Seefeld zum Seefelder Joch (2060 m) – »das Joch« benennt hier einen Gipfel – oder zur Schulter des Härmelekopfs begnügen. Der ganze Panoramablick in die Karwendelgründe, zum Wetterstein und über die tiefe Inntalfurche zum Zentralalpenkamm und ein unvergesslicher Wandertag dazu gehören jedoch nur denen, die nach der Seilbahnfahrt vom Seefelder Joch in 6–7 Stunden über Seefelder und Reither Spitze zur Nördlinger Hütte, dann weiter über den Ursprungsattel zur Eppzirler Alm und nach Gießenbach wandern. Wer sich 2 Tage Zeit lässt und auf der Nördlinger Hütte übernachtet, der stellt am Ende gleichermaßen erschrocken wie befriedigt fest, dass das Rasten bei solchen Bergtouren zu einer beinahe lästigen Pflicht wird.

Also: Von der Bergstation am Seefelder Joch geht es hinüber zur Seefelder Spitze (2221 m) und, nun vom Kamm rechts abbiegend, durch eine schattige Karmulde mit etwas Höhenverlust und einem Gegenanstieg zum Reither Joch. Zum Gipfel ist's entlang dem felsigen Grat (mit kurzen, gesicherten Stellen) nur noch ein Katzensprung, und 150 Meter tiefer duckt sich die Nördlinger Hütte an den grünen Südsporn. Gute 2 Stunden ist man zwischen Seefelder Joch und Nördlinger Hütte unterwegs – vielleicht auch etwas länger, je nach Lust und Laune.

Von der Hütte könnte man den schnurgeraden Abstieg nach Reith oder Seefeld nehmen. Aber das wäre – im buchstäblichen Sinn – doch zu nahe liegend! Viel schöner ist es, dem Freiungen-Höhenweg bis zum Ursprungsattel und nordwärts dem Pfad hinunter zur Eppzirler Alm zu folgen. Aus dem grünen Kessel unter den Felskaren bummelt man schließlich die 6 langen Kilometer hinaus nach Gießenbach.

Durch eine fast vegetationslose Fels- und Geröllwüste führt der Aufstieg auf die Reither Spitze. Der interessanteste Abschnitt der Tour folgt vom Sattel am rechten Bildrand dem Felsgrat zum Gipfel.

44 Hohljoch und Gamsjoch
Unter der Karwendelmauer

BERGTOUR
2452 m
Mit Kindern ab 14 Jahren
1 Tag

Talort: Hinterriß (928 m), AP Ghs. Eng (1203 m, Mautstraße von Hinterriß)

Charakter: Leichte Bergtour mit etwas mühsamem Anstieg durch das Gumpenkar, am Grat zum Hauptgipfel Trittsicherheit erforderlich. Im Gumpenkar teilweise nur Trittspuren sichtbar. Beste Zeit: Mitte Juni bis Ende Oktober.

Gehzeit: Aufstieg 3 Std., Abstieg 2½ Std.

Hütten: keine

Verlauf: Eng – Gumpenjöchl – Gamsjoch – Gumpenjöchl – Hohljoch – Eng

Besonderer Hinweis: Früher Aufbruch wegen des ostseitigen Anstiegs zu empfehlen.

Variante: Das Gumpenjöchl lässt sich auch durch das Laliderer Tal und über die Lalidersalm von Westen erreichen.

Karten: AV 5/2, Karwendelgebirge, 1:25 000; BLVA UK L5, Karwendelgebirge – Werdenfelser Land, 1:50 000, FB 323, Karwendel, 1:50 000

Bahn & Bus: BOB München – Lenggries, Bergsteigerbus Lenggries – Hinterriß/Eng

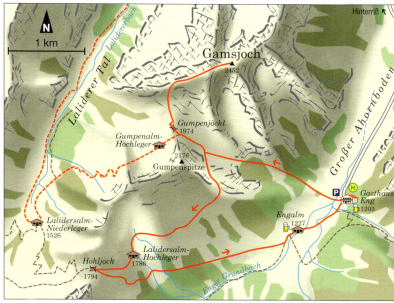

Vier Gipfelketten verleihen dem Karwendel seine unverwechselbare Form. Sie ziehen in strenger Ost-West-Richtung von der oberen Isar gegen das Unterinntal zu. Die mächtigste Kette ist die Vomper Kette. Sie hat die höchsten Gipfel und die höchsten Felsfluchten: Birkkarspitze und Laliderwand. Dieser 13 Kilometer langen, von Scharten unterbrochenen Riesenmauer zwischen Lamsenspitze und Birkkarspitze stehen nordöstlich drei auffallende Bollwerke gegenüber: Risser-Falk-Stock, Gamsjochstock und die Sonnjochgruppe – von den berühmten Karwendelgründen Johannestal, Laliderer Tal, Engtal und Falzthurntal klar voneinander getrennt. Auf das Gamsjoch im mittleren Massiv zwischen Engtal und Laliderer Tal haben wir es diesmal abgesehen. Dabei geht es nicht um die wahrhaft unbeschreibliche Aussicht auf die Riesenmauer, die zugleich einen Einblick in die Erdgeschichte bedeutet, es geht vor allem um die Spannung, die wir wandernd und steigend im Wechsel zwischen blumenreichen Almwiesen und nackter, öder Karhöhe empfinden.

Wir queren vom Parkplatz am Alpengasthof den grünen Boden zur gegenüberliegenden Talseite und gelangen zu einem Graben, der zwischen Gumpenspitze und Gamsjoch in die Höhe zieht (siehe Foto!). Jetzt heißt es aufpassen, denn ein richtiger Weg existiert hier nicht. Wir folgen den spärlichen Steigspuren erst über einen Schuttkegel und dann in einen tiefen Einschnitt hinein. Hier verlieren sich die Spuren, und wir steigen weglos und vorsichtig an der linken Begrenzung des Grabens teilweise über steiles Gras aufwärts, bis wir im Gumpenkar – rund 600 Höhenmeter über dem Talboden – auf den vom Hohljoch kommenden Weg treffen. Danach ist der Weiterweg einfach und bald das nahe Gumpenjöchl erreicht – ein idealer Rastplatz. Noch trennt uns vom Gipfel die mehr als 400 Meter hohe, markante Südflanke des Gamsjochs. Genau über diese riesige, schräge Fläche bzw. an ihrem rechten Rand steigen wir weiter aufwärts. Hier lassen sich, zur richtigen Jahreszeit und mit guten Augen, noch Edelweiß zwischen den Felsschrofen entdecken. Von diesem Wegstück kann man herrlich ins Vordere Gumpenkar hineinschauen und oft stattliche Gamsrudel beim Faulenzen beobachten.

Über etwas steileres Gelände geht es gerade hinauf auf das mächtige Plateau unter dem Gipfelgrat und zum Vorgipfel. Die Traversierung des etwas ausgesetzten Gratstücks zum Hauptgipfel erfordert absolute Trittsicherheit und Schwindelfreiheit! Notfalls muss man sich halt mit dem Vorgipfel (Südwestgipfel) zufrieden geben …

Der gesamte Aufstieg von der Eng bis zum Gipfelgrat des Gamsjochs lässt sich auf diesem Bild verfolgen: Deutlich ist der Graben zu sehen, der in den Boden der Eng mündet, darüber der steile Trichter, an dessen linker Seite man aufsteigt, das Gumpenjöchl und – im Profil – das markante Dach, das zum Südwestgipfel hinaufzieht.

45 Das Sonnjoch über dem Falzthurntal
Über Achensee und Großem Ahornboden

BERGTOUR
2457 m
Mit Kindern ab 14 Jahren
1 Tag

Talorte: (A) Pertisau (952 m), AP Ghs. Gramai (1263 m, Mautstraße von Pertisau)
(B) Hinterriß (928 m), AP Ghs. Eng (1203 m, Mautstraße von Hinterriß)

Charakter: Für trittsichere Geher mit guter Kondition Bergtour ohne Schwierigkeiten. Beste Zeit: Mitte Juni bis Ende Oktober.

Gehzeiten: (A) Aufstieg 3 Std., Abstieg 2 Std.
(B) Aufstieg 3½ Std., Abstieg 2 Std.

Hütten/Almen: Gramaialm (1756 m privat, ÜN), Binsalm (1503 m privat, ÜN)

Verlauf: (A) Gramai – Gramaialm – Sonnjoch
(B) Eng – Binsalm – Binssattel – Sonnjoch

Karten: AV 5/3, Karwendelgebirge, 1:25000; BLVA UK L5, Karwendelgebirge – Werdenfelser Land, 1:50000; FB 323, Karwendel, 1:50000

Bahn & Bus: BOB München – Tegernsee, Bergsteigerbus Tegernsee – Gramai bzw. BOB München – Lenggries, Bergsteigerbus Lenggries – Hinterriß/Eng

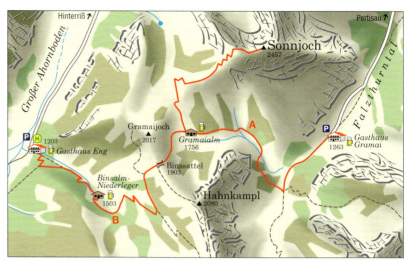

Wie vom großen Laliderzug der Falken- und Gamsjochzweig, so ragt von der Lamsenspitze der mächtige Felskamm des Sonnjochs gegen Norden – ein unübersehbares Riesengebirge von der Eng, eine stufenlos plattige, steile Kalkmauer vom Falzthurntal her.
Volle 1100 Meter steigt die Ostwand des Sonnjochs (2457 m) in einem Zug aus dem grünen Talboden empor; man erschrickt vor den wilden Wandfluchten über den öden Steinkaren, die aber auch hier wieder erst jenen Kontrast zum ungemein Lieblichen schaffen, der uns in den Alpen immer aufs Neue so sehr fasziniert. Was wäre der Große Ahornboden ohne seine Kalkwände ringsumher, was wäre das Falzthurntal ohne Sonnjoch-Ostwand! Von Westen her gesehen, verliert das Sonnjoch seine Schrecken.
Zwei leichte Wege führen auf den Gipfel, und beide haben sie Gemeinsamkeiten: Die landschaftliche Attraktivität der Ausgangspunkte Eng und Falzthurntal verwandelt beide Talschlüsse an schönen Wochenenden in Rummelplätze (das Falzthurntal hat in dieser Hinsicht zur Eng aufgeschlossen); die Höhenunterschiede von knapp 1200 Metern vom Falzthurntal und über 1250 Metern von der Eng aus verlangen frühes Aufstehen; gemeinsam ist beiden Wegen als Anlaufpunkt der Hochleger der Gramaialm, den man vom Ende des Falzthurntals ebenso leicht erreicht wie von der Eng über die Binsalm und den Binssattel.
An der bewirtschafteten Gramaialm, für viele Ausflügler Endpunkt aller bergsteigerischen Bemühungen, laufen beide Anstiege zusammen und folgen nun dem Steig zum Gipfel des von hier kraftvoll aufsteigenden Sonnjochs.
Erst geht's links auf dem bezeichneten Steig durch Krummholz, über Rasenflecken und Schutt bis zum Rand des felsigen Abbruchs im Südwestgrat, dann führen Serpentinen über Geröll etwas mühsam zum Westgrat hinüber. Hier kann man beim Verschnaufen tief zum Gamsanger drunten im Gramaikar schauen und dann die letzten Meter zum Gipfelkreuz hinaufsteigen. Trittsicher und vorsichtig sollte man für diese Tour schon sein, vor allem aber keine Abkürzungen nehmen.
Die Aussicht oben am Gipfel – wer könnte sie in kurzen Worten beschreiben? Im Karwendel fallen die Östliche Karwendelspitze, die Birkkarspitze und natürlich die Laliderwand ins Auge; zwischen Karwendelgipfeln hindurch sieht man sogar das Zuckerhütl; das südliche Blickfeld reicht über die Zillertaler und die Hohen Tauern bis zu den Berchtesgadener Alpen.
Am besten, man nimmt die richtigen Wanderkarten mit und vergleicht Wirklichkeit und Karte in aller Ruhe, dann entdeckt man seine alten Bekannten und kann Erinnerungen auffrischen: »Woaßt no, damals auf'm Schafreuter …?«

Als wuchtiger Klotz ragt das Sonnjoch zwischen Falzthurntal und Rißtal auf. Auf dem Luftbild ist der Anstiegsweg vom Gramaialm-Hochleger über den breiten Gipfelrücken bis zum höchsten Punkt gut zu erkennen.

46 Der Schafreuter
Hoch über Fall, Vorder- und Hinterriß

BERGWANDERUNG
2100 m
Mit Kindern ab 12 Jahren
2 Tage

Talort: Fall (773 m)

Charakter: Landschaftlich abwechslungsreiche Wanderung im Karwendelvorgebirge, für geübte Geher ohne Schwierigkeiten. Beste Zeit: Anfang Juli bis Mitte Oktober.

Gehzeit: Aufstieg 5 Std., Abstieg 4–5 Std.

Hütten/Almen: Tölzer Hütte (1835 m, DAV)

Verlauf: Fall – Krottenbachtal – Delpssee – Tölzer Hütte – Schafreuter – Moosenalm – Grammersbergalm – Fall

Varianten: Als Tagestour kann man den Schafreuter von der Oswaldhütte über die Moosenalm oder von der Einmündung des Leckbachs an der Straße nach Hinterriß über die Tölzer Hütte besteigen, Aufstieg jeweils 3–4 Std.

Karten: BLVA UK L5, Karwendelgebirge – Werdenfelser Land, 1:50 000; FB 323, Karwendel, 1:50 000

Bahn & Bus: BOB München – Lenggries, Bergsteigerbus Lenggries – Fall

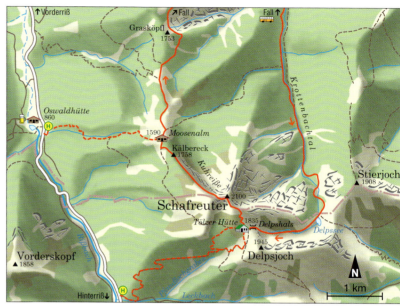

Den Schafreuter (2100 m) kennt jeder Münchner, der einmal Herzogstand, Benediktenwand, Brauneck und Fockenstein besucht hat: Er steht hoch überm Isarwinkel, eine markante felsige Sichel, die sich als Wald- und Graskamm bis über das neue Fall am Sylvensteinspeicher fortsetzt und an der Mündung der Dürrach endet. Hier in Fall war Ludwig Thoma zu Hause; nicht weit von hier, im Forsthaus Vorderriß, hat der große bayrische Dichter seine Bubenjahre verbracht, und rundherum spielen auch seine Jagd- und Wilderergeschichten. Von diesen heißt übrigens keine »Jäger von Fall« – diese Geschichte stammt von Ludwig Ganghofer und hat vor allem als kitschigschöner Heimatfilm Unsterblichkeit erlangt.

In Fall beginnt auch der Aufstieg auf den Schafreuter. Hinter dem langen Waldkamm, der gleich hinter Fall ansetzt, steigen wir in 5 Stunden gemächlich und meist allein durch das schattige Krottenbachtal, wo sich der Wildbach unermüdlich in den Kalkboden gräbt, vorbei an der verfallenen Krottenbachalm, hinauf zum Delpssee. Hier haben wir einen Großteil des Aufstiegs schon hinter uns; über dem westwärts ansteigenden Talkessel steht schon nah, im Sattel des Delpshals, die Tölzer Hütte (1835 m). Von der Hütte sind es nur noch 270 Höhenmeter, also rund 40 Minuten, zum Gipfel. Ein guter Steig führt immer am Gratrücken entlang hinauf. Aber es eilt ja nicht, denn alles, was an diesem Tag noch ansteht, ist, zurück zur Hütte zu gehen, um dort Quartier für die Nacht zu beziehen.
Warum also nicht am Gipfel oder ein Stückerl abseits davon bleiben, bis sich der Tag zu neigen beginnt und die umliegenden Berge in weiches Licht taucht? Dann werden die Schatten länger, und die Stirnseite der vorderen Karwendelkette, dahinter die Große Vomper Kette mit den Laliderwänden, Grubenkar-, Spritzkarspitze und Lamsenkante werden plastisch herausmodelliert. Weit unten versinken Ron- und Tortal schon in der Dämmerung. Natürlich kommt der Blick auch nicht vorbei am Johannes-, Laliderer- und Engtal, die so streng ausgerichtet auf die Riesenmauern zulaufen. Wer einmal oben war, wird es ohne Zögern bestätigen: Der Schafreuter gehört zu den exklusivsten Aussichtslogen vor dem Karwendel!
Anderntags bereitet das Finden des Wegs keine Probleme: Er folgt exakt der langen, vom Gipfel zum Sylvensteinspeicher zielenden Sichel (ohne Gipfel lässt sich die Südflanke auf einem Weg direkt zur Moosenalm queren). Nach dem Gegenanstieg zum Graskopfl (1753 m) schauen wir noch einmal zurück zum stolzen Schafreuter, rasten später an der Grammersbergalm und stiefeln gemütlich hinunter zum Badestrand am See. Wer weiß, dass er am folgenden Tag wieder im vollklimatisierten Großraumbüro sitzen muss, wird den Abstieg vom Schafreuter genießen wie einen Gang durchs Paradies.

Drei markante Grate laufen am Gipfel des Schafreuter zusammen. Am Fuß des kürzesten steht mit der Tölzer Hütte ein gemütlicher Stützpunkt, am Ende des längsten liegt Fall, Ausgangs- und Endpunkt einer 2-tägigen Überschreitung.

47 Blomberg und Zwiesel
Schön staad auf dreierlei Wegen

BERGWANDERUNG
1348 m
Mit Kindern ab 8 Jahren
½ Tag

Talorte: Bad Tölz (657 m), AP Blombergbahn-Talstation (700 m); Wackersberg (745 m), EP Ghs. Waldherralm (740 m)

Charakter: Kurze und leichte Wanderung auf zwei beliebte Vorberge, vom Zwiesel schöne Aussicht. Besonders schön im Frühsommer und im Herbst.

Gehzeit: Aufstieg 2 Std., Abstieg 1 Std.

Hütten/Almen: Blomberghaus (1203 m, privat, ÜN), Zwieselalm (1245 m, privat, nur Getränke)

Verlauf: Blombergbahn-Talstation – Blomberghaus – Zwiesel – Gassenhofer Alm – Moaralm – Ghs. Waldherralm

Variante: Eine Rundwanderung ergibt sich, wenn man bei der Waldherralm startet und südlich um den Heigelkopf herum zum Blomberghaus wandert, um dann über den Zwiesel zum Ausgangspunkt zurückzukehren.

Winterwanderung: Blomberg und Zwiesel sind ideale Winterwanderziele. Das Blomberghaus ist ab Weihnachten geöffnet.

Karte: BLVA UK L18, Bad Tölz – Lenggries und Umgebung, 1:50 000

Bahn & Bus: BOB München – Bad Tölz, Bus Bad Tölz – Blomberg-Balma

Der unserer bayrischen Haupt- und Bierstadt am nächsten gelegene Alpenberg heißt Blomberg. Er hat einen dichten Waldpelz, ist lächerliche 1248 Meter hoch und hat jene »Infrastruktur« zu bieten, die sich der Fremdenverkehrsdirektor von Bad Tölz wünschen muss: einen Sessellift, der Kurgästen hilft, auf der Höhe zu sein; eine Sommerrodelbahn, damit das junge Publikum nicht ausbleibt; und ein Wirtshaus am Gipfel, von dem alle Gäste etwas haben.

Mancher mag jetzt denken, der Blomberg sei gar kein richtiger Berg, eher ein bewaldeter Hügel, und der Weg hinauf ein »Kinderspaziergang«. Was den Weg betrifft, hat er recht, im positiven Sinne. Kaum ein Münchner Hausberg eignet sich so hervorragend, Kindern das Wandern bergauf nahe zu bringen, wie der Blomberg bei Bad Tölz: Die Anfahrt von München ist kurz, die Aufstiegszeiten sind kaum der Rede wert, und, wenn der Blomberg auch nicht mitten im Gebirge steht, die »richtigen« Berge sind so nah, dass man nicht hinüber-, sondern schon hineinschaut. Da stehen direkt gegenüber die Benediktenwand und das Brauneck, reihen sich ein bisserl entfernt die Karwendelgipfel aneinander, die Tegernseer Berge und das mächtige Wetterstein sind im Blickfeld.

Es wäre vermessen und abwegig, am Blomberg die große Stille zu erwarten. An schönen Sommertagen oder klaren Herbstwochenenden geht's da schon einmal zu – »fast wia am Stachus«. Der Vorteil der Sesselbahn allerdings ist, dass man beim Aufstieg all denen aus dem Weg gehen kann, die im Wandern mehr Quälerei als Sinn sehen. Die hat man in 1½ Stunden im kühlen Waldschatten am bewirtschafteten Blomberghaus wieder eingeholt, und hier findet man schnell Gemeinsamkeiten: die Liebe zu einer zünftigen Brotzeit und natürlich zu einer Halben Bier. Frisch gestärkt führt der Weg weiter zum Zwiesel, dem Nachbargipfel des Blombergs und mit 1348 Metern der höchste Punkt unserer Wanderung. Entweder steigt man denselben Weg wieder ab zur Talstation der Blombergbahn und gönnt den Kindern noch die Riesengaudi auf der Sommerrodelbahn, oder man wählt einen stillen, nicht so häufig begangenen Weg vom Zwiesel-Gipfel südwärts hinunter zur Gassenhofer Alm. Über die kleine Moaralm steigt man dann weiter zur Waldherralm, wo nicht die Milch-, sondern die Gastwirtschaft floriert.

Nördlich des Blombergs (hinten links mit dem Blomberghaus) wird Oberbayern flach – das Luftbild beweist es. Die Kuppe rechts vorne mit den zwei Wieseninseln ist der Heigelkopf.

48 Das Brauneck
Sonntagsfreuden zwischen Jachenau und Längental

BERGWANDERUNG
1555 m
Mit Kindern ab 10 Jahren
1 Tag

Talort: Lenggries (679 m), Seilbahn zum Brauneck

Charakter: Für trittsichere Geher leichte Vorgebirgswanderung, überwiegend bergab. Während der Wanderung über den Brauneckkamm lohnende Aussicht. Beste Zeit: Ende Juni bis Ende Oktober.

Gehzeit: Aufstieg 1½ Std., Abstieg 2½ Std.

Hütten/Almen: Brauneckhaus (1540 m, DAV)

Verlauf: Brauneck – Stangeneck – Latschenkopf – Propstalm – Längentalalm – Vorderleitenberg – Lenggries

Variante: Ohne technische Aufstiegshilfe erreicht man das Brauneck von der Talstation der Seilbahn über die bewirtschaftete Reiseralm, 2½ Std.

Karte: BLVA UK L18, Bad Tölz – Lenggries und Umgebung, 1:50 000

Bahn & Bus: BOB München – Lenggries

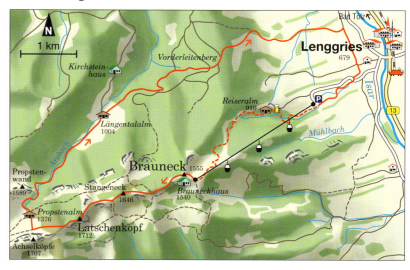

Ein merkwürdiger Münchner Hausberg! Es ist gar kein richtiger Berg, hat keinen markanten Gipfel, bildet nichts weiter als den letzten Buckel im Auslauf der Benediktenwand. Aber das Brauneck wird geliebt, und das nicht nur von den Münchner Vorstädtern und nicht nur im Winter. Es gibt gar nicht wenige Münchner, die die Tauern durchstreift haben, die Ötztaler Berge, Wallis und Dauphiné, und doch immer wieder von Arzbach aus ins Längental hineinlaufen, von Lenggries aus über die Reiseralm und den Garlandkessel, von Wegscheid aus über die Kreinbauernalm, Kotalm und Brauneckalm, um vom Gipfel hineinzuschauen ins Gebirg' und weit hinaus zur großen Stadt. Im Herbst, wenn es für ein paar Wochen ruhig wird am Brauneckkamm, wenn das Isargries unter dünnen Nebelschleiern liegt, das nahe Karwendel im stillen Licht des späten Jahres, ist die beste Zeit für unsere Brauneckwanderung.

Die Tour beginnt zugegebenermaßen etwas ungewöhnlich: oben am Gipfel des Braunecks. Und die Tatsache, dass die Brauneckbahn als Aufstiegshilfe benützt wird, sollte alpine Puristen nicht aus der Fassung bringen. Denn auf dem Weg über das Stangeneck (1646 m) zum Latschenkopf (1712 m) geht's immerhin noch ein paarmal bergauf. Wer trotzdem die Tour »by fair means« machen will, findet leicht den richtigen Weg nach oben.

Den Auftakt bildet eine ebenso gemütliche wie reizvolle Promenade am langen Kamm in Richtung Benediktenwand, ein langsamer Abschied aus dem Trubel um die Bergstation der Seilbahn. Die Zwischenstationen am Kamm heißen Schrödelstein, Stangeneck und Latschenkopf, und jedes Mal bleiben wieder ein paar Ausflügler sitzen, weil sie an den Rückweg zur Bahn denken. Hinter dem Latschenkopf verlassen wir den zur Benediktenwand führenden Weg und folgen dem markierten Steig zwischen Bergahornen und durch Felsschrofen hinab in den reizenden Kessel der Propstalm (1376 m). Am jungen Arzbach entlang wandern wir weiter zur Längentalalm (1004 m) – beim Rückblick sehen wir die Kirchsteine links, die Propstenwand rechts hinter uns. Bei der Längentalalm halten wir uns erneut rechts, queren kurz nacheinander Branntwein- und Tiefengraben und finden über den Vorderleitenberg wieder zurück nach Lenggries.

Der besondere Reiz des sommerlichen und herbstlichen Braunecks ist die Vielfalt seiner Verstecke, denn wie das Brauneck ein gutes Dutzend Gipfel hat, so hat es auch gut zwei Dutzend Täler und Tälchen, Hochleger und Almterrassen, um einsame Platzerl zu finden, an denen man genussreich granteln kann über eitle Politiker, einfältige Fernsehprogramme oder tief fliegende Düsenjäger … Man möcht' sich schließlich sauwohl fühlen an einem Sonntag am heimatlichen Brauneck!

Der Lenggrieser Hausberg Brauneck erweist sich aus der Luft betrachtet nur als Beginn eines langen Gipfelkamms. Vom Gipfel starten ein paar besonders Wagemutige in die Lüfte, die Genießer auf Wanderwegen in die Einsamkeit – die spätestens am langen Grasrücken des Latschenkopfs beginnt.

49 Die Benediktenwand
Große Landschaft zwischen Loisach und Isar

BERGWANDERUNG
1801 m
Mit Kindern ab 12 Jahren
1 Tag

Talort: Jachenau (790 m),
AP Petern (730 m)

Charakter: Einfache Bergwanderung auf einen der bekanntesten Münchner Hausberge. Die Anstiege durch die Nordwand bleiben dem geübten Kletterer vorbehalten. Beste Zeit: Juni bis Ende Oktober.

Gehzeit: Aufstieg 4 Std., Abstieg 2–2½ Std.

Hütten: keine

Verlauf: Petern – Ortereralm – Bichleralm – Benediktenwand – Glaswandscharte – Petereralm – Lainlalm – Jachenau

Variante: Eine schöne Gratwanderung beginnt beim Brauneck und führt über das Stangeneck, den Latschenkopf (1712 m) und die Achselköpfe (1707 m) bis zur Benediktenwand, 3–4 Std.

Karte: BLVA UK L18, Bad Tölz – Lenggries und Umgebung, 1 : 50 000

Bahn & Bus: BOB München – Lenggries, Bus Lenggries – Petern/Jachenau

Die Benediktenwand (1801 m), von den Münchnern liebevoll-kurz »Benewand« genannt, richtet ihre Schauseite nach Norden, also genau in die Richtung, aus der die Münchner anrollen: eine stumpfe graue Mauer über Moosböden, Moränenzügen und Waldkuppen. Welchen Münchner von Herz und Verstand »packt« es nicht immer wieder von neuem, wenn er von Starnberg oder von der Walchstädter Höh' aus seine »Benewand« sieht. Eindeutig beherrschend, so reckt sich die breite Kalkwand auf und hat doch – echt bayrisches Vorgebirg' – auf der Rückseite nichts als einen grünen Latschenrücken. Kulisse! Aber im Ernst: Nie ist das Gebirge schöner als von der Ebene her, die Benediktenwand beweist es. Denn Gebirge an sich, das ist immer nur Chaos, aber Gebirge vom flachen Land her verwirklicht den Begriff »Berg«, schafft erst die große Spannung, ist Bewegung und Ruhe in einem.

Nahe Petern, einem Hof in der schönen Jachenau, beginnt der Anstieg. Der Steig führt hinauf zum Langenecksattel (1168 m) und quert über dem Schwarzenbachgraben weiter zur Ortereralm. Es ist ein stiller Weg, durch Wälder aus Fichte, Tanne, Buche, Bergahorn und vereinzelt Kiefer, jenem natürlichen Bergmischwald, den anderswo empfindliche und finstere Fichtenmonokulturen verdrängt haben.

Vom Kessel, wo die kleinen Quellwasser des Schwarzenbachs sich sammeln, genau südlich des Benediktenwandgipfels, steigen wir einen Geländerücken zur Bichleralm (1437 m) hinauf und auf einem Pfad weiter direkt und steil zum Gipfel. Auf dieser Etappe soll übrigens niemand erschrecken, wenn er urplötzlich auf wenige Meter einem Steinbock gegenübersteht; die »zuagroasten« Vierbeiner fühlen sich hier so wohl wie die zweibeinigen Besucher. Am Gipfel sehen wir die berühmte Wand zum ersten Mal – aus ganz ungewohnter Perspektive! Denn gleich hinter dem Gipfelkreuz bricht der Berg ab, bis hinunter zur Tutzinger Hütte, die im Herbst meist schon in seinem Schatten liegt.

Der Abstieg folgt dem langen Latschenrücken nach Westen, immer wieder eine Stufe tiefer, bis zur Glaswandscharte; dort verlässt man den Kamm nach links, kommt über die Petereralm und weiter am Glasbach entlang hinunter zu einem Wasserfall, der zu einer kühlen Dusche geradezu herausfordert. Auch vorher schon locken tiefgrüne Gumpen, aber man sollte vorsichtig sein, wenn man über die steilen Gras- und Schrofenhänge zum Bach absteigt.

Die letzte Etappe der Entdeckungstour auf die Südseite der Benediktenwand folgt einer Forststraße: direkt nach Jachenau, direkt vor ein »g'scheites« Wirtshaus. Ein Bergradl wär' jetzt recht!

Die zahme Rückseite der Benediktenwand – welcher Münchner kennt diesen ungewohnten Anblick? Im Vordergrund die Hütten der Scharnitzalmen. Der südseitige Anstieg zum Gipfel führt etwa am linken Bildrand in die Höhe.

50 Auf den Jochberg
und zum Walchensee

BERGWANDERUNG
1567 m
Mit Kindern ab 8 Jahren
½ Tag

Talort: Urfeld (803 m), AP Kesselberg (858 m)

Charakter: Problemlose Bergwanderung auf einen überragenden Aussichtsberg oberhalb des Walchensees. Beste Zeit: Anfang Mai bis Anfang November.

Gehzeit: Aufstieg 2 Std., Abstieg 1½ Std.

Hütten/Almen: Jocheralm (1382 m, privat)

Verlauf: Kesselberg – Jochberg – Jocheralm – Sachenbach – Urfeld – Kesselberg

Winterwanderung: Der Jochberg mit Anstieg vom Kesselberg ist ein Ganzjahresziel. Der Abstieg über die Jocheralm hängt von der Schneelage ab, in der Regel steigt man auf dem Anstiegsweg ab.

Karte: BLVA UK L18, Bad Tölz – Lenggries und Umgebung, 1:50000

Bahn & Bus: DB München – Tutzing – Kochel, Bus Kochel – Urfeld

Ende Mai, nach der letzten Skitour, oder noch schöner Ende Oktober, wenn das Karwendel gegenüber schon überzuckert ist, ist die rechte Zeit für den Jochberg (1567 m). Gegen diese »Zeitvorgabe« spricht ja nicht, dass auch im Winter eine Trampelspur von ganz »Jochberg-Narrischen« in den Schnee getreten wird. Das zeigt vielmehr, wie beliebt der Berg bei seinen Kennern ist. Neuerdings lockt der Gipfel sogar die modernen Töchter und Söhne des Ikarus: Die Gleitschirmflieger haben den Jochberg für sich und ihren Sport entdeckt und schwärmen von den guten Flugbedingungen mit geradezu alpinen Akzenten.

Mit seiner teilweise felsigen Nordflanke hoch über dem Kochelsee, mit der zahmeren Südseite aber ein bisserl weniger hoch über Kesselberg und Walchensee aufragend, ist er ein idealer Berg für Kinder. Viele Münchner Kinder, so sagt man, fangen am Jochberg das Bergsteigen an.

Wo sich die Bundesstraße 11 durch den engen Einschnitt des 858 Meter hohen Kesselbergs zwängt, beginnen die Anstiege zu Herzogstand und Jochberg, und daher ist der kleine Parkplatz oft schon früh gefüllt. Gegenüber dem Herzogstandweg zielt ein Steigerl in den schattigen Bergwald. In vielen Serpentinen windet es sich in gleichmäßiger Steigung in die Höhe. Am ersten freien Schlag schimmert das tiefblaue Tuch des Walchensees durch den Buchenwald. Unmittelbar daneben wachsen Herzogstand und Fahrenbergkopf in den Himmel. Nach 1 Gehstunde wird der Wald lichter, plötzlich tritt man nach links auf eine helle grüne Kanzel hoch über dem Kochelsee und dem Kochler Moos mit dem Kloster Benediktbeuern als Blickfang.

Schon eine Viertelstunde später, man hat die letzten Krüppelfichten unter sich, steht man an der Kante der felsigen Nordwand und schaut und schaut: Da laufen die grünen Wellen Oberbayerns in den Dunst hinein, schimmern Starnberger und Ammersee herüber, nebenan präsentiert sich die steinerne »Benewand« als harmloser Grasberg, der glitzernde Walchensee öffnet seine geheimen Buchten. Oben auf dem Gipfel liegen wir auf den Graspolstern und genießen die Gipfelschau: Karwendel, Wetterstein, Stubai.

2–3 Stunden steigt man vom Joch zum Gipfel auf. Mit Kindern braucht man etwas länger, weil die spätestens beim Gratbeginn einen Mordshunger und Riesendurst bekommen – ohne Brotzeit gehen sie dann keinen Schritt mehr bergauf!

Am liebsten gehen wir auf den Jochberg, wenn überm Kochler Moos der herbstliche Nebel liegt. Dann warten wir beim Aufstieg im dichten Grau gespannt auf den Augenblick, in dem wir ins Licht treten und über dem Wolkenmeer rasten dürfen.

Nie steigen wir am Anstiegsweg ab. Wir springen auf dem Weg durch den steilen Südhang zur Jocheralm (1382 m, nur bis Kirchweih einfach bewirtschaftet!) hinunter, und dann laufen wir südwestlich den überwachsenen Weg nach Sachenbach bergab. Dieser Weg ist schön, wenig begangen, und nach knapp 1 Stunde steht man vor dem Jörglbauernhof, der schon seit 1446 der Familie Merz, dem alten Jägergeschlecht des Klosters Benediktbeuern, gehört: ein Adelssitz sozusagen.

Von Sachenbach nach Urfeld sind es auf der für Autos verbotenen Uferstraße grad 40 Minuten; aber wir gehen meistens vorher noch ans Südufer der nahen Halbinsel und flacken uns auf die warmen Uferfelsen gegenüber der Insel Sassau – dem Lieblingsplatz von Max II. und diversen Liebespaaren …

Der baumfreie Jochberggipfel zählt zu den lohnendsten Rastplätzen in den Münchner Hausbergen. Über den Walchensee und das Estergebirge hinweg blickt man in Richtung Westen zum Wettersteingebirge mit der markanten Alpspitze und der Zugspitze.

51 Herzogstand und Heimgarten
Münchner Familienberge – spannungsvoll verbunden

BERGWANDERUNG
1790 m
Mit Kindern ab 12 Jahren
1 Tag

Talort: Walchensee (803 m), Seilbahn zum Herzogstandhaus

Charakter: Sehr schöne, oft gemachte Wanderung über zwei hervorragende Aussichtsgipfel. Der Übergang vom Herzogstand zum Heimgarten ist teilweise mit Drahtseilen gesichert, für trittsichere und schwindelfreie Geher aber ohne Probleme. Beste Zeit: Juli bis Ende Oktober.

Gehzeit Aufstieg 2–3 Std., Abstieg 2 Std.

Hütten/Almen: Herzogstandhaus (1573 m, privat, ÜN), Heimgartenhütte (1770 m, privat)

Verlauf: Herzogstandhaus – Herzogstand – Heimgarten – Ohlstädter Alm – Walchensee

Karte: BLVA UK L18, Bad Tölz – Lenggries und Umgebung, 1:50 000

Bahn & Bus: DB München – Tutzing – Kochel, Bus Kochel – Walchensee/Herzogstandbahn

Der Herzogstand (1731 m) galt immer als Münchner Hausberg Nr. 1 – eine Vielzahl Münchner Kindln wurde an diesem schrofigen Vorberg zwischen Walchen- und Kochelsee zu Bergfreunden getauft (der Neubearbeiter dieses Buchs eingeschlossen). Mit der Zeit hat zwar nicht der Berg selbst sein Aussehen verändert, aber manches Liebgewonnene vom Drumherum: So wurde das Herzogstandhaus, vor mehr als hundert Jahren ein königliches Jagdhaus, recht geschickt im Stil des alten, abgebrannten Gebäudes neu aufgebaut und 1994 der alte Sessellift mit den parallel zur Fahrtrichtung aufgehängten Sesseln durch eine moderne Kabinenbahn ersetzt. Die Beförderungskapazität wurde dabei allerdings nur geringfügig auf lediglich 300 Personen pro Stunde erhöht. Diese Erschließung hat dazu geführt, dass man als Bergwanderer amüsiert beobachten kann, wie stöckelschuhbewehrte Damen bis zur Terrasse vor dem Gasthaus hinüberwackeln und Sandalenträger den alten Reitweg zum Gipfel hinaufstürmen.

Man muss sich angesichts solcher Umstände nur zu helfen wissen und am Herzogstand aus der Not eine Tugend machen, das heißt gleich bei Betriebsbeginn um 8.30 Uhr an der Talstation stehen, mit der Bahn auf den Fahrenbergkopf hinaufschweben, an der König-Ludwig-Büste und dem Gasthaus vorbei- und zum Gipfel hinauflaufen. Hat man den Gipfelpavillon erreicht, dann liegt einem halb Oberbayern zu Füßen. Ganz in der Früh kann man die berühmte Aussicht noch fast allein genießen: vor allem übers Alpenvorland mit einem halben Dutzend Seen und zwei Dutzend dunklen Moosböden; bei klarem Wetter zur Großstadt, wo die schlanke Nadel des Olympiaturms zu erkennen ist. Und im Westen können wir unseren Weiterweg inspizieren – den Grat zum benachbarten Heimgarten (1790 m).

Der eigentlich harmlose Grat über kleine, latschenbewachsene Schrofenköpfe, gelegentlich mit Drahtseilen gesichert, schreckt all jene ab, denen man schon von weitem ansieht, dass sie nur alpine Zaungäste sind. Wir sind also den Scharen von Herzogstand-Ausflüglern schnell entkommen und wandern nun auf dem schmalen Verbindungsstück hinüber zum knapp 60 Meter höheren Heimgarten. Die wenigen und kurzen exponierten Stellen sind gut gesichert; meist führt der Weg in nervenschonenden und duftenden Latschengassen dahin. Bevor wir zur wenige Meter unter dem Gipfel gelegenen Hütte absteigen, sollten wir uns Zeit nehmen zum Schauen. Blickt man vom Herzogstand aus bevorzugt ins Flachland nach Norden, so sind vom Heimgarten aus die Gipfel dran: Karwendel, Wetterstein, Estergebirge und die Ammergauer Alpen. Und zwischen Karwendellücken an klaren Tagen die schneebedeckten Stubaier Gipfel.

Von einer Brotzeit in der gemütlichen Heimgartenhütte gestärkt, ist der Abstieg über die Ohlstädter Alm nach Walchensee nur noch eine Pflichtübung – aber was für eine!

Eine Gratwanderung im wahrsten Sinn des Wortes ist der Übergang vom Herzogstand zum Heimgarten. Die wenigen und kurzen ausgesetzten Strecken sind gut gesichert; meist führt der Weg allerdings durch grüne Latschengassen.

52 Der Krottenkopf im Estergebirge
Zwischen Loisach und Isar

BERGTOUR
2086 m
Mit Kindern ab 12 Jahren
1½ Tage

Talorte: Garmisch-Partenkirchen (707 m), Seilbahn zum Wank (1780 m); Krün (875 m)

Charakter: Einfache, aber lange Bergtour durch das Estergebirge. Beste Zeit: Mitte Juni bis Ende Oktober.

Gehzeit: Aufstieg 3½–4 Std., Abstieg 4–4½ Std.

Hütten/Almen: Wankhaus (1780 m, DAV, keine ÜN), Esterbergalm (1264 m, privat), Weilheimer Hütte (Krottenkopfhaus, 1946 m, DAV)

Verlauf: Wank – Esterbergalm – Hintere Esterbergalm – Weilheimer Hütte – Krottenkopf – Weilheimer Hütte – Krüner Steig – Krüner Alm – Finzbachklamm

Varianten: Abwechslungsreicher ist der Anstieg von der Esterbergalm durch die unangenehm heiße Südostflanke des Hohen Fricken und die Nordwestflanke des Bischofs. Lohnend ist ein Abstecher auf den Hohen Fricken.

Karte: BLVA UK L5, Karwendelgebirge – Werdenfelser Land, 1:50 000

Bahn & Bus: DB München – Garmisch-Partenkirchen, evtl. Bus Bahnhof – Wankbahn

Vor dem aufregenden Blick auf den langen Wettersteinkamm und das monumentale Zugspitzmassiv hat der liebe Gott den vergleichsweise langweiligen Blick aufs Estergebirge gestellt. Das gilt zumindest für die Autofahrer, denn wenn sie am Ende der Garmischer Autobahn bei Eschenlohe den Fuß vom Gas nehmen, baut sich vor ihnen unübersehbar dieses Estergebirge auf, dessen Name wohl 99 Prozent der Reisenden unbekannt sein dürfte. Nichts Besonderes, denken sich die meisten, die hinaufschauen und, abgesehen von der markanten Hohen Kisten mit ihrem riesig langen Archkar, nur endlose Wald- und Schrofenflanken entdecken können.

Oben sieht diese Esterbergwelt ganz anders aus. Dies kann nur feststellen, wer sich hinaufmüht, was allerdings nur noch wenige schaffen – wegen der Anziehungskraft der eingangs erwähnten »Konkurrenz« ... Unbestreitbare Tatsache ist, dass der Krottenkopf, mit 2086 Metern höchster Gipfel des Massivs, samt seinen Nachbarn Bischof und Hohe Kisten drei Ränge unter der Werdenfelser Prominenz rangiert, und dass, wer diese Gruppe aufsucht, anderes sein muss als Gipfelstürmer. Wenn das »Höchster-Gipfel«-Prädikat des Krottenkopfs nicht viel wert ist, so macht die Lage doch alles wieder wett.

Man fährt mit der Gondelbahn auf den Wank, also von 740 Meter Talhöhe auf 1780 Meter. Dann geht man den Sonnenanbetern aus dem Weg und trabt rechts über den Roßwank oder links über den Ameisberg zur bewirtschafteten Esterbergalm auf 1264 Meter Höhe. Unsere Tour beginnt also mit einer Bergabetappe.

Der nächste Streckenabschnitt zur Weilheimer Hütte führt allerdings bergauf: entweder direkt über die Hintere Esterbergalm und den Bischofsgraben oder auf dem Umweg unter Hohem Fricken und Bischof vorbei zum selben Ziel. Das Finale findet dann auf dem 20-minütigen Anstieg zum Krottenkopfgipfel statt.

Wer das Estergebirge regelrecht überschreiten will, steigt von der Weilheimer Hütte, sinnvollerweise nach einer Nächtigung, am besten über die Hohe Kisten, das Gatterl und durch den Pustertalgraben nach Eschenlohe ab. Nicht weniger reizvoll ist der stille Krüner Steig, der in einer großen Schleife um den Angerlboden herumführt, zur Krüner Alm quert und nach der Passage durch die Finzbachklamm im Boden von Wallgau und Krün endet.

Die prominente Nachbarschaft – im Hintergrund Alpspitze und Zugspitzmassiv – sorgt für die Stille im Estergebirge. Das Luftbild zeigt links den Krottenkopf, rechts im flachen Sattel die Weilheimer Hütte. Dahinter sind die felsige Nachbarsgipfel des Bischofs sowie die flache Gipfelkuppe des Wanks zu erkennen.

53 Die Zugspitze – prominenter Hausberg
Das Höllental hinauf, das Reintal hinunter

GROSSE BERGTOUR
2962 m
Nichts für Kinder
2 Tage

Talort: Garmisch-Partenkirchen (707 m), AP Hammersbach (758 m)

Charakter: Sehr lange, durch Gletscherberührung fast hochalpine Tour auf den höchsten Berg Deutschlands. Gute Kondition, Trittsicherheit und Schwindelfreiheit sind unerlässlich; Drahtseilsicherungen. Beste Zeit: Juli bis Mitte September.

Gehzeit: Aufstieg 6–7 Std., Abstieg 5–6 Std.

Hütten/Almen: Höllentalklamm-Eingangshütte (1004 m, DAV, keine ÜN), Höllentalangerhütte (1387 m, DAV), Münchner Haus (2959 m, DAV), Knorrhütte (2051 m, DAV), Reintalangerhütte (1370 m, DAV), Bockhütte (1052 m, privat)

Verlauf: Hammersbach – Höllentalklamm – Höllentalangerhütte – Höllentalferner – Zugspitze – Platt – Knorrhütte – Reintalangerhütte – Reintal – Partnachklamm – Garmisch-Partenkirchen

Besonderer Hinweis: Für den Höllentalferner sind Steigeisen zu empfehlen.

Karten: AV 4/2 und 4/3, Wetterstein und Mieminger Gebirge, 1:25000; BLVA UK L5, Karwendelgebirge – Werdenfelser Land, 1:50000

Bahn & Bus: DB München – Garmisch-Partenkirchen, Zugspitzbahn bis Hammersbach oder Bus Bahnhof – Hammersbach

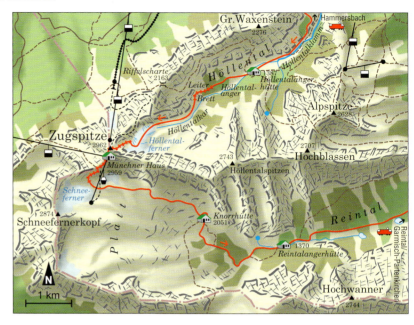

Man sollte sich keinen Illusionen hingeben: Als verschwitzter und erschöpfter Bergsteiger ist man auf dem höchsten Gipfel Deutschlands eine eher exotische Erscheinung – bestaunt, belächelt, bemitleidet von hunderten von Seilbahnausflüglern. Dieser armen Gattung Mensch bleibt nichts weiter, als sich zu denken: Wenn die wüssten ... Sie wissen, Gott sei Dank, nichts von der beeindruckenden Höllentalklamm, in der in aller Früh noch der Kältehauch des tobenden Bergwassers und der Lawinenreste hängt, vom großartigen Höllentalanger, von »Leiterl« und »Brett«, zwei Nervenproben auf dem Weg hinauf ins Höllentalkar; und sie wissen nicht, wie schön Durst sein kann und ein ehrlich verdienter Schluck Wasser – von einem Bier gar nicht zu reden!

Auch wenn man auf diesem Weg nicht allein ist, man ist wenigstens unter sich. Und das macht die Wartezeiten an der Randkluft zum Klettersteig oder an manch einer »gaachen« Stelle erträglich. Bald haben wir die Irmerscharte erreicht und genießen den überwältigenden Tiefblick hinunter zum Eibsee und die kurze Verschnaufpause, bevor es über den Ostgrat und durch die Gipfelwand hinauf geht zur Wirklichkeit gewordenen Horrorvision jedes Bergfreunds (gerechterweise sei bemerkt, dass die Zugspitzbahn für eine deutliche optische Verbesserung am Gipfel gesorgt hat). Die Flucht aus den Ausflüglerhorden lassen den Schritt auch nach 6–7 Stunden Aufstieg am gesicherten Westgrat zum Platt hinunter schneller werden, und erst danach, im Weißen Tal und bei der Knorrhütte, hat man wieder »sei' Ruah«.

Übernachtungsmöglichkeiten gibt es auf dieser Tour mehrfach, aber die urigste und gemütlichste Hütte ist mit Abstand die Reintalangerhütte mit dem fast schon legendären Hüttenwirt Charly Wehrle. Auch hier wird man sicher nicht allein sein, aber in Gedanken an den Gipfel fühlt man sich wie im Paradies.

Auch der Weiterweg am nächsten Tag verdient das Attribut paradiesisch: Entlang der sprudelnden Partnach steigen wir hinunter zur Blauen Gumpe, einer malerischen Lacke unter der bedrohlichen Hochwanner-Nordwand. Ab der Bockhütte zieht sich der Weg in die Länge, nicht zuletzt, weil's auf einer öden Forststraße dahingeht, aber dann setzt die Partnachklamm, die zahmere Schwester der Höllentalklamm, dieser insgesamt langen und hochalpinen Tour noch den passenden Schlussakzent.

Am Auslauf des Höllentalkars endet die Vegetation. Der Anstieg zu Deutschlands höchstem Berg führt dann nur noch über den Firn des Höllentalferners und durch den Fels der Gipfelwand.

54 Alpspitze und Mathaisenkar
Klettersteige und ein Riesenabstieg

BERGTOUR
2628 m
Mit Kindern ab 14 Jahren
1 Tag

Talort: Garmisch-Partenkirchen (707 m), Seilbahn auf den Osterfelderkopf (2030 m)

Charakter: Einzigartig schöne Hochgebirgstour. Die schwierigen Stellen sind mit Drahtseilen gesichert, dennoch sind Trittsicherheit und Schwindelfreiheit unerlässlich. Beste Zeit: Mitte Juli bis Anfang Oktober

Gehzeit: Aufstieg 2 Std., Abstieg 4–5 Std.

Hütten/Almen: Höllentalangerhütte (1387 m, DAV), Höllentalklamm-Eingangshütte (1004 m, DAV, keine ÜN)

Verlauf: Osterfelderkopf – Nordwandsteig – Oberkar – Alpspitze – Grieskarscharte – Mathaisenkar – Höllentalangerhütte – Höllentalklamm – Hammersbach – Osterfelderbahn-Talstation

Variante: Für Klettersteigfreunde ist die Alpspitz-Ferrata fast ein Muss. Vom Wandfuß der Alpspitze-Nordwand führen die Sicherungen fast ohne Unterbrechung bis zum Gipfel.

Karten: AV 4/2, Wetterstein und Mieminger Gebirge, 1:25 000; BLVA UK L5, Karwendelgebirge – Werdenfelser Land, 1:50 000

Bahn & Bus: DB München – Garmisch-Partenkirchen, Bus oder Zugspitzbahn Bahnhof – Osterfelderbahn

So einprägsam die Alpspitze (2628 m) ist, so unvergesslich wird auch die Tour auf diesen formschönen Gipfel sein. Keiner lügt, der sagt, das sei eine saftige Strapaze. Dabei wird es weniger der Aufstieg sein, der in Erinnerung bleibt, als vielmehr der Abstieg: 1850 Höhenmeter! Damit jetzt niemandem vor Schreck die Luft wegbleibt oder jegliche Schneid abgekauft ist, sei gleich angemerkt, dass der Aufstieg durch die Fahrt mit der Bergbahn auf den Osterfelderkopf wesentlich »entschärft« wird – man spart sich 1300 Höhenmeter.

Gut 500 Meter fehlen hier nur noch zum Gipfel, wobei man gleich schnurgerade in die Höhe steigen könnte über die »Alpspitz-Ferrata«. Dazu sei ein kurzer Exkurs erlaubt, denn dieser Klettersteig, den ein Ort wie Garmisch-Partenkirchen fürs Renommee wohl ebenso braucht wie ein Eisstadion im Sommer oder eine Spielbank, hat die Idee gesicherter Felssteige geradezu pervertiert. Die »Alpspitz-Ferrata« ist ein Bilderbuchbeispiel, wie es nicht sein soll: total vernagelt und verdrahtet, selten sinnvoll, aber immer deutsch-gründlich. Hermann Magerer, der 1975 die zündende Idee für die Bergsteigersendung »Bergauf-Bergab« hatte, bemerkte einmal, dass hier wohl sämtliche Eisenstifte und Drahtseile eines verhinderten Seilbahnbaus verwendet worden seien (Pläne einer Alpspitz-Seilbahn gab's wirklich!).

Wir orientieren uns vorerst nicht am allzu vielen Eisen, sondern queren am aufregend angelegten Nordwandsteig hinüber an das untere Ende des markanten Gipfeldachs, das sich aus der Nähe als steiles Kar entpuppt. Der Weg führt jedoch nicht durch das Kar, sondern an der linken Begrenzung entlang und zum Schluss über Geröll und Schrofen zum Gipfel. Übrigens: Das Gipfelkreuz steht nicht am höchsten Punkt der Alpspitze, sonst könnte man nämlich den stolzen Gipfelschmuck aus dem Tal nicht erkennen ...

Nun beginnt der lange Abstieg. Bis zur Grieskarscharte ist's eine lustige Turnerei, aber dann erschrecken wir doch ein bisserl: So steil geht's dort ins Mathaisenkar und ins Höllental hinunter! Aber es geht durchaus, denn geschickt schwindelt sich der Steig durch Rinnen und Verschneidungen, auf Steilrücken und Graten, stellenweise mit Drahtseilen gesichert, in die Tiefe. Und wenn die Knie dann doch allmählich weich werden, ist der flache Talboden mitsamt der Höllentalangerhütte schon in greifbare Nähe gerückt.

Nach der Rast an der Hütte lässt einen das Naturschauspiel Höllentalklamm die müden Füße noch einmal vergessen. Aber keine Sorge – beim langen Hatsch hinaus nach Hammersbach werden sie sich wieder melden. Nur, das gehört bei einer Bergtour im Wetterstein halt dazu, und die nötige Bettschwere wird gratis mitgeliefert.

Der Blick von Osten auf die Alpspitze: ganz rechts die Bergstation der Osterfelderbahn, in der Bildmitte die plattige Nordwand, durch der der Steig hinüber ins Kar (darunter die Bernadeinwände) und weiter auf den Gipfel führt. Die Schau stiehlt der Alpspitze auf diesem Luftbild (wieder einmal) die mächtige Zugspitze.

55 Vom Höllental über die Riffelscharte
und zum Eibsee hinunter

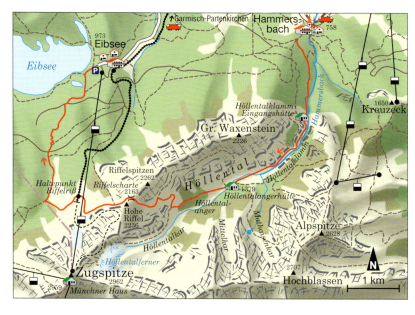

BERGTOUR
2262 m
Mit Kindern ab 12 Jahren
1½ Tage

Talorte: Hammersbach (758 m); Grainau (758 m), EP Eibsee (973 m)

Charakter: Eindrucksvolle Bergwanderung, für die trotz Drahtseilsicherungen unbedingt Trittsicherheit und Schwindelfreiheit erforderlich sind. Der Gratanstieg Riffelscharte – Südliche Riffelspitze ist leicht (I), teilweise weicht der Steig auf die Höllentalseite aus. Beste Zeit: Mitte Juli bis Ende September.

Gehzeit: Aufstieg 5 Std., Abstieg 2–3 Std.

Hütten/Almen: Höllentalklamm-Eingangshütte (1004 m, DAV, keine ÜN), Höllentalangerhütte (1387 m, DAV)

Verlauf: Hammersbach – Höllentalklamm – Höllentalangerhütte – Riffelkar – Riffelscharte – Südlliche Riffelspitze – Riffelscharte – Station Riffelriß – Eibsee

Karten: AV 4/2, Wetterstein und Mieminger Gebirge, 1 : 25 000; BLVA UK L5, Karwendelgebirge – Werdenfelser Land, 1 : 50 000

Bahn & Bus: DB München – Garmisch-Partenkirchen, Bus oder Zugspitzbahn Bahnhof – Hammersbach bzw. Bahnhof – Eibsee

Hat man nach der immer wieder spektakulären Höllentalklamm die Höllentalangerhütte erreicht, steht man am Ausgangspunkt von drei der schönsten Touren im Wetterstein: den Anstiegen auf die Alpspitze entweder über den Rinderweg oder durch das Mathaisenkar und dem spannenden Weg über den Höllentalferner auf die Zugspitze (siehe Tour 53). Dass es von hier aus aber auch noch eine herrliche Tour zu einem nicht ganz so hohen Ziel gibt, sollte man nicht vergessen: zur Riffelscharte und zur Südlichen Riffelspitze. Wir gehen von Hammersbach erst steil, dann gemütlicher zum Eingang der Klamm und durch ihre mehr als ein Dutzend Tunnels, stehen nach gut 2 Stunden vor der Höllentalangerhütte. Die felsige Arena rings um die Hütte, 1000-Meter-Wände vom Höllentorkopf und Hochblassen bis zur Zugspitze, ein blauer Gletscher über dem senkrechten »Brett«, die Waxensteine direkt überm Hüttendach, die Stille über dem Höllentalgrieß, die Ahorne und Latschen, brave Veteranen der Vegetationsgrenze, im Verlieren geübt – alles Realität und nicht vor dem Flimmerkasten »erlebt«.

Am nächsten Morgen wandern wir gemütlich in den hintersten Talgrund, lassen aber »Leiter« und »Brett« links liegen und steigen beim Hinweistaferl nach rechts hinauf zur Riffelscharte. Durch ein drahtseilgesichertes Klamml geht es hinauf, dann weiter von Mulde zu Mulde. Links wachsen die Riffelköpfe zum Himmel, rechts der Waxensteinkamm, und im Rückblick erkennt man die Alpspitze, das kühne Wahrzeichen von Garmisch, von hier nur noch als Schutthaufen.

Der kurze Gratanstieg auf die Südliche Riffelspitze (2262 m) ist dann kein Problem (I) mehr. Von dort geht der Blick zum Eibsee, dessen Wasser inmitten einer dunklen Fichtenwelt leuchtet. Sein Ufer liegt nur 973 Meter hoch, das sind volle 1300 Höhenmeter Abstieg!

Zuerst geht es von der Scharte zu dem nach Nordwesten vorspringenden Kamm – mit einem Nahblick auf die wild zerissenen Riffelwandspitzen; dann führt der Steig nordseitig als sehr steile diagonale Verschneidung, oft von Firnresten markiert, mitten durch die plattige Wand. Stifte und Drahtseile vermitteln Sicherheit; Kinder sollte man an der Leine, das heißt an einer kurzen Reepschnur, führen. Unten an der Sandreiße gibt es zwei Möglichkeiten: erstens auf der Sandreiße abfahren (keinesfalls, wenn dort noch ein hartes Schneefeld liegt!) und unten rechts (östlich) zum Riffelsteig und durch Hochwald zum Eibsee oder zweitens und schöner sofort links an den Felsen entlang zur Haltestelle Riffelriß der Zugspitzbahn am oben grünen, dann bewaldeten Kegel und zum Eibsee gehen.

Die Riffelscharte ist so etwas wie ein versteckter Seitenausgang aus der Sackgasse des Höllentals: ein abwechslungsreicher Weg, um aus der hochalpinen Kulisse unter der Zugspitze – deren Gipfelstation auf dem Bild gerade noch zu erkennen ist – in die weniger strenge Landschaft um den Eibsee zu wechseln.

56 Schachen und Oberreintal
Unter den Dreitorspitzen: Königshaus und Alpengarten

BERGWANDERUNG
1866 m
Mit Kindern ab 12 Jahren
1 Tag

Talort: Garmisch-Partenkirchen (707 m)

Charakter: Bergwanderung in großartiger Umgebung und mit einzigartigen Ausblicken, für trittsichere Geher ohne Schwierigkeiten.
Beste Zeit: Anfang Juli bis Anfang Oktober.

Gehzeit: Aufstieg 4 Std., Abstieg 3½ Std.

Hütten/Almen: Schachen (1866 m, privat, ÜN), Oberreintalhütte (1532 m, DAV)

Verlauf: Garmisch-Partenkirchen – Partnachklamm – Kälbersteig – Schachen – Oberreintalhütte – Reintal – Partnachklamm – Garmisch-Partenkirchen

Karten: AV 4/3 Wetterstein und Mieminger Gebirge, 1:25 000; BLVA UK L5, Karwendelgebirge – Werdenfelser Land, 1:50 000

Bahn & Bus: DB München – Garmisch-Partenkirchen

Neben dem Höllental gebührt im Wettersteinmassiv dem Oberreintal unter den Dreitorspitzen der Preis für hochalpine Dramatik. Das von kühnen Felsfluchten umschlossene Seitental des langen Reintals ist ein berühmtes Kletterparadies – für Könner! Wer den Schwierigkeitsgrad III (schwierig) nicht beherrscht, ist als Bergwanderer im Oberreintal nur Zaungast. Doch warum vorausgreifen?
Schon kurz nach dem Ausgangspunkt der Wanderung, dem Olympiastadion von Garmisch-Partenkirchen, steht als erster Höhepunkt dieser an Reizen überaus reichen Bergtour der Gang durch die Partnachklamm auf dem Programm. Der Lärm der wilden Klammwasser hallt noch nach, wenn der Kälbersteig kurz hinter der Klamm in die Höhe zieht. Jetzt heißt es erst einmal gemächlich losgehen und seinen Rhythmus finden, denn für die nächsten 2 Stunden steigt der Weg permanent an. Entspannung gibt es erst, wenn man knapp unter dem Steilenberg auf den von Elmau heraufziehenden Königsweg stößt. Der Fahrweg führt nun wenig steil, gemütlich zwischen Zirbelkiefern, einer botanischen Besonderheit in diesem Gebiet, in Richtung Schachen.
Bald darauf ist man am Schachenhaus. Wenige Meter oberhalb, auf einem weit vorgeschobenen Felspfeiler des Dreitorspitzmassivs, steht das Jagdhaus König Ludwigs II. Dem »Kini«, der sich um den Fremdenverkehr in Bayern wie kein anderer verdient gemacht hat, sagt man nach, dass er ein ausgeprägtes Gespür für harmonische Landschaften besaß. Sein Jagdschloss auf dem Schachen ist das beste Beispiel dafür. Vom ein paar Minuten entfernten Pavillon blickt man ins Reintal, auf die Blaue Gumpe, auf das Zugspitzplatt, hinüber zum nahen Blassenkamm und vor allem in die Kletterwände des Oberreintals.
Vor dem Abstieg ins Oberreintal sollte man es nicht versäumen, dem nahen Alpenpflanzengarten einen Besuch abzustatten, um zu lernen, was man in den Alpen nicht pflücken und abreißen darf. Im Zickzack führt der Weg über eine Steilstufe hinunter zur kleinen Oberreintalhütte unter alten Bergahornen. Es sei noch einmal erwähnt: Das Oberreintal ist ein Refugium der Kletterer, und das Schild, das den Bergwanderern mehr oder weniger deutlich von einer Nächtigung in der urgemütlichen Hütte abrät, sollte nicht als Unverschämtheit aufgefasst werden, sondern als Versuch, von jenem »Geist« etwas zu retten, für die Oberreintalhütte in den 50er Jahren unter dem Regiment des legendären Fischer Franze berühmt war. Eine Verschnaufpause und auch eine Brotzeit sind natürlich genehmigt, wobei man in aller Ruhe und aus der Distanz die Schauplätze vieler alpiner Heldentaten und Tragödien inspizieren kann.
Anschließend geht's ins Reintal hinunter, dessen Grund man in der Nähe der kleinen Bockhütte erreicht. Die Forststraße entlang der Partnach bedeutet noch einmal einen Test für Geduld und Ausdauer, bis schließlich die Klamm auch ein zweites Mal für Spannung sorgt.

Auf einem Wiesensporn inmitten der felsigen Wettersteinkulisse thront das ehemalige Jagdschloss König Ludwigs II.

57 Auf den Kramer
Ein stiller Tag über dem Werdenfels

BERGWANDERUNG
1985 m
Mit Kindern ab 12 Jahren
1 Tag

Talort: Garmisch-Partenkirchen (707 m), AP Ghs. Almhütte auf dem Kramerplateau

Charakter: Lange, etwas anstrengende, doch unverhofft lohnende Bergwanderung, für trittsichere Geher ohne Probleme. Beste Zeit: Anfang Juni bis Anfang November.

Gehzeit: Aufstieg 4 Std., Abstieg 3 Std.

Hütten/Almen: Ghs. St. Martin (1028 m, privat), Stepbergalm (1583 m, privat)

Verlauf: Ghs. Almhütte – Grasberg – Kramer – Stepbergalm – Stepbergalpensteig – Ghs. Almhütte

Besonderer Hinweis: Der Anstieg verläuft lange in den steilen Südhängen, darum früher Aufbruch zweckmäßig.

Karte: BLVA UK L5, Karwendelgebirge – Werdenfelser Land, 1:50 000

Bahn & Bus: DB München – Garmisch-Partenkirchen, evtl. Bus Bahnhof – Äußere Maximilianstraße

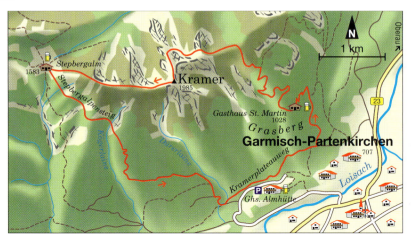

Wer vom Autobahnende bei Eschelohe durchs schnurgerade Loisachtal nach Garmisch-Partenkirchen fährt, übersieht ihn meist, denn die Riesenmauern des Wettersteins mit Zugspitze, Waxensteinen, Alpspitze und Dreitorspitzen stehlen dem Kramer (1985 m) die Schau. Erst wenn man sich in den reichlich gefüllten Garmischer Straßen etwas ernüchtert hat, bemerkt man den gar nicht imposanten, gar nicht schönen Kramer, einen schlimm zerfurchten Wald- und Latschenberg mit sichtlich morschen Felsgraten.

Man steigt die 1200 Höhenmeter in gut 4 Stunden auf, dann folgen noch 3 Stunden Abstieg über die Stepbergalm. Der Anstieg führt über weite Strecken durch die heiße Südflanke, in der dichte Latschengehege dafür sorgen, dass man auch ausreichend schmort. Kurz und gut: Der Berg verhält sich recht abweisend, und die vielen Garmischer Kurgäste halten eine Besteigung des Kramers für »Unfuch« und für eine nur Urbayern zustehende Strapaze. Gewiss, es ist höllisch heiß zwischen Grasberg und Kramergrat, wenn man aber früh genug weggeht, muss man nicht gar so fürchterlich leiden. Außerdem ist der Ausblick vom Anstieg auf den Kramer im scharfen Licht der Morgenfrühe tausendmal schöner als im Dunst der Mittagsstunden.

Wir wandern vom Parkplatz beim Gasthaus Almhütte auf dem Kramerplateau nach St. Martin auf dem Grasberg, ignorieren – auch wenn's schwer fällt – die Wirtschaft, gehen 1 gute Stunde am Reitweg weiter, vorbei an der Eisernen Kanzel, bis eine Hinweistafel nach links hinauf in die steilen Latschenhänge deutet. In der Mittagszeit würde einem hier die Zunge am Gaumen kleben, aber in der Früh hat man die Serpentinen bis zum Kramergrat (1740 m) in 2, höchstens 3 Stunden leicht »derpackt«. Nun geht es recht interessant den Grat hinauf. Man umgeht einige steile Stellen rechts, der Steig ist gut bezeichnet, auch in den Reißen der schattigen Nordflanke. Erneut führt der Anstieg hinauf auf den Grat und weiter zum ersehnten Gipfelkreuz.

Was dem Kramer an elegantem Aussehen fehlt, gleicht sein Gipfelpanorama aus: Ganz genau sieht man dem Zugspitzmassiv in seine Falten. Wer jetzt ein Fernglas zur Hand hat, der ersteigt drüben mit dem Auge die rassige Zwölferkante, die gewaltige Schönanger-Nordwand, den türmereichen Blassengrat oder den grandiosen Jubiläumsgrat über die Höllentalspitzen – mühelos und so genussreich, wie man eben klettert, wenn man faul neben dem Kramerkreuz liegt.

Der Abstieg führt zunächst nach Westen zum grünen Sattel bei der bewirtschafteten Stepbergalm (1583 m), dann geht's am Stepbergalpensteig zurück zum Gasthaus Almhütte.

Hier am Fuß des Kramers verbrachte übrigens Richard Strauss viele Jahre seines Lebens. Hier komponierte er – inspiriert von der großartigen Kulisse – seine Alpensinfonie. Heute hat sich dort ein Scheich aus dem Orient niedergelassen – »da legst' di nieder!«

Latschenfelder und Geröllkare prägen die Nordansicht des Kramers. Hinter dem Gipfelkamm ist der Kessel von Garmisch-Partenkirchen nur zu ahnen. Im Hintergrund baut sich die lange Mauer des östlichen Wettersteins auf.

58 Auf die Große Arnspitze
Kalkzapfen zwischen Karwendel und Wetterstein

BERGTOUR
2196 m
Mit Kindern ab 12 Jahren
1 Tag

Talort: Unterleutasch (1040 m), AP Ghs. Zur Mühle

Charakter: Oft begangene Bergtour auf einen isoliert stehenden Gipfel, für trittsichere Geher ohne Probleme. Die Arnspitzhütte ist nicht bewirtschaftet, nur eine offene Notunterstandshütte. Besonders schön im Herbst.

Gehzeit: Aufstieg 4 Std., Abstieg 2½ Std.

Hütten: keine

Verlauf: Ghs. Mühle – Riedbergscharte – Arnspitze

Besonderer Hinweis: Der Anstieg verläuft lange in der steilen Südostflanke des Riedbergs, deshalb früher Aufbruch zweckmäßig.

Variante: Von Scharnitz erreicht man die Arnspitze in 3½ Std.

Karten: BLVA UK L5, Karwendelgebirge – Werdenfelser Land, 1:50 000; ÖK 117, Zirl, 1:50 000; FB 322, Wetterstein – Karwendel – Seefeld – Leutasch – Garmisch-Partenkirchen, 1:50 000

Bahn & Bus: DB München – Mittenwald, Bus Mittenwald – Ghs. Mühle (Unterleutasch) bzw. DB München – Scharnitz

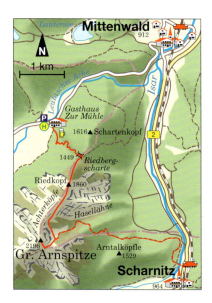

Zunächst rätselt man ein bisserl, wo sie eigentlich dazugehören, die drei Arnspitzen. Bis einem ein kluger Geologe erklärt, dass sie aus Wettersteinkalk bestehen – also! Wie eine Insel stehen diese Arnspitzen zwischen den Felsmauern von Karwendel und Wetterstein, zwischen der jungen Isar und der Leutascher Ache – und sind durch ihre isolierte Lage zum Aussichtspunkt erster Klasse vorbestimmt. »Feldherrnhügel« nennt man so etwas ganz unzeitgemäß.
Von hier nach Osten ins Karwendel zu schauen, in den Windtobel gleich hinter Scharnitz, wo drei gewaltige Karwendeltäler zusammenlaufen: Karwendeltal, Hinterautal, Gleirschtal, das ist dem passionierten Bergfreund eine helle Freude. Die parallele Reihung der vier Karwendelketten und ihre Dutzende von typischen Karwendelkaren – es sind meist hoch über dem Haupttal abbrechende, von Steilwänden umrahmte Nischen (Prachtbeispiele: Neuner- und Marxenkar), das ergibt aufregende Einblicke. Wem das nicht genug ist, der erinnere sich auf dem Gipfel daran, dass das Gletschereis an der Arnspitze vor Jahrmillionen bis auf 2000 Meter Höhe reichte – die nur 1930 Meter hoch gelegene kleine Arnspitzhütte ist also garantiert ein nacheiszeitliches Bauwerk …
Es gibt in jedem Fall mehr vernünftige Gründe, die für eine Besteigung der Arnspitze sprechen, als faule Ausreden, die man dagegenhalten könnte. Der netteste Aufstieg beginnt beim Gasthof Mühle, gleich hinter der ehemaligen Grenzstation in der Leutasch (mit dem Auto liegt das keine 10 Minuten von Mittenwald entfernt).
In 1 Stunde schon erreicht man über viele kleine Kehren die Riedbergscharte (1449 m, kurz zuvor die einzige Wasserstelle der Tour!). Dann geht es immer am Grat – und entlang der Grenze – dahin, auf und ab, den Blick rechts auf die Wettersteinwand oder links auf die Praxmarerkarspitze gerichtet. Die höchste Erhebung der Achterköpfe bleibt unberührt, dann führt der bezeichnete Steig nach links durch die Ostflanke der Großen Arnspitze zur kleinen Unterstandshütte (kurz zuvor mündet der Steig von Scharnitz in den Weg).
Der »Gipfelsturm« führt zunächst in einen begrünten Sattel im breiten Südostgrat, dann windet sich der Weg über den Gratrücken, teilweise in Schrofengelände und Geröll – zum höchsten Punkt. Nur sehr erfahrene, schwindelfreie und klettergewandte Bergsteiger dürfen den weglosen Grat zur Mittleren bzw. Hinteren Arnspitze weiterverfolgen, alle anderen Bergfreunde seien vor einem Abstieg nach Westen eindringlich gewarnt!
Wer nicht auf demselben Weg absteigen will, kann die Tour in Scharnitz beenden. Der Weg in die großartig stille Mulde der Haselllähne, dann nach rechts durch die Nordflanke des Arntalkopfs bis hinunter ins alte Grenzdorf ist gut markiert. Man sieht von ihm aus nach links zu der merkwürdig kahlen Ostflanke des Riedbergs, in der ein schwerer, 8 Tage wütender Waldbrand vor Jahrzehnten die gesamte Vegetation vernichtete. Der nachfolgende Regen schwemmte dann die Humusschicht ungebremst ins Tal.

Südwestlich der Arnspitze lenken die kühnen Felszacken von Mittlerer und Hinterer Arnspitze die Blicke auf sich. Der mächtige Kalkklotz im Hintergrund ist die Hohe Munde (siehe Tour 59).

59 Die Hohe Munde
2000 Meter über der Innfurche

BERGTOUR
2662 m
Mit Kindern ab 12 Jahren
1 Tag

Talort: Oberleutasch-Obern (1172 m)

Charakter: Leichte Bergtour auf den Eckpfeiler der Mieminger Berge, 2000 m über dem Inntal. Gute Kondition unerlässlich. Beste Zeit: Anfang Juli bis Anfang Oktober.

Gehzeit: Aufstieg 4–5 Std, Abstieg 3 Std.

Hütten/Almen: Rauthhütte (1605 m, privat, ÜN)

Verlauf: Obern – Rauthhütte – Hohe Munde

Variante: Für geübte und konditionsstarke Berggeher bietet sich die Überschreitung der Hohen Munde an. Vom Gipfel Abstieg über den Westgrat (Drahtseilsicherungen) zur Niederen Munde und nördlich hinab zur Tillfußalm. Der Leutascher Ache folgend erreicht man wieder den Ausgangspunkt.

Karten: ÖK 116, Telfs, und ÖK 117, Zirl, 1:50000; FB 322, Wetterstein – Karwendel – Seefeld – Leutasch – Garmisch-Partenkirchen, 1:50000

Bahn & Bus: DB München – Mittenwald oder Seefeld, Bus Mittenwald oder Seefeld – Obern

Natur- und Umweltschützer – wer ist das heutzutage nicht? –, ahnungslose Journalisten in alpenfernen Großraumbüros und natürlich manche profilneurotischen Politiker zeigen mit dem Finger nicht selten auf die Bergsteiger, wenn ein Schuldiger für die Bedrohung der Natur in den Alpen gefunden werden muss. Sie alle sollten sich einmal die Hohe Munde anschauen: ein Prachtexemplar von Berg, mit überhängenden Felswänden hoch über dem Inntal, steilen Felsflanken über der Leutasch, eine Attraktion zweifellos. Trotzdem kommen auch am schönsten Sommertag höchstens einmal 50 bis 60 Leute zum Gipfel (und die sind ja nicht alle gleichzeitig dort oben!), denn vom Urlaub in den Bergen schwärmen vor allem andere: Tennis- oder Golfspieler, Mountainbiker, Sonnenanbeter und »Seilbahnbergsteiger«.

Für Letztgenannte endet die Tour auf die Hohe Munde wenige Schritte oberhalb der Rauthhütte (1605 m), denn nur bis dorthin führt ein Sessellift – mehr als zwei Drittel des Höhenunterschieds zwischen Tal und Gipfel muss man zu Fuß hinaufsteigen. Die Bergfreunde bleiben also auch an der Hohen Munde unter sich und können sich in aller Stille über das Edelweiß freuen, das ganz nah neben dem Weg wächst.

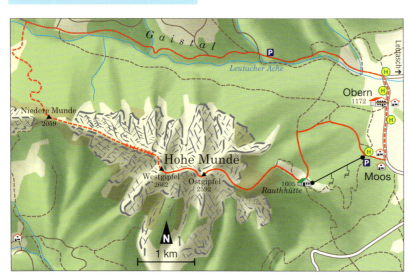

Von der Rauthhütte steigen wir über ein aussichtsreiches Jöchl in Latschengassen in die Höhe, dann führt der stets gute Weg durch steile Rasenhänge und Schrofengelände. Der Rücken verengt sich, und plötzlich stehen wir jenseits der Kante auf dem dachartigen Gipfelplateau und sind bald auf 2592 Meter Höhe am Ostgipfel. Da den aber nur eine weite Scharte vom Hauptgipfel (2662 m) trennt und Ab- und Anstieg etwa 20 Minuten dauern, gehen wir natürlich hinüber. Am

hohen, am Wandabbruch über dem Inntal aufgestellten Gipfelkreuz ist man meist allein, umgeben von Hunderten von Gipfeln. Mit dem Fernglas kann man gut studieren, was sich auf anderen prominenten Bergspitzen abspielt, zum Beispiel gegenüber an der Zugspitze. Oder man lässt seine Phantasie spielen und dreht die Uhr der Tiroler Bergwelt um viele Jahrmillionen zurück bis in die Zeit, in der der mächtige Inngletscher bis in über 2000 Meter Höhe reichte. Dieser Eisstrom sandte damals durch die Seefelder Senke einen Seitenast bis über Mittenwald hinaus.

Ist einer mit Auf- und Abstieg am Normalweg nicht ausgelastet und verfügt er über die nötige Bergerfahrung, dann dürfte er an der Überschreitung des gesamten Massivs größtes Vergnügen haben. An einem Klettersteig turnt man in schwindelerregender Höhe über dem Inntal zum Westgipfel hinüber, läuft am breiten Rücken (eine kurze, ebenfalls gesicherte Felspassage) zum Sattel der Niederen Munde hinunter, dann durch Latschenfelder und Wald zur Leutascher Ache. Müde Beine traben schließlich brav nach Leutasch hinaus.

Von der Wettersteinhütte hat man einen freien Blick auf den Doppelgipfel der Hohen Munde, die hier ihre Nordseite präsentiert. Der erste Gipfel ist im Winter Ziel der Skitourengeher. Im Sommer ist der Übergang zur markanten Kuppe des zweiten, 70 Meter höheren Gipfels einfach.

60 Über das Tajatörl
zur Coburger Hütte und zum Seebensee

BERGTOUR
2259 m
Mit Kindern ab 14 Jahren
1 Tag

Talort: Ehrwald (994 m), Gondelbahn auf die Ehrwalder Alm (1502 m)

Charakter: Die Rundwanderung über das Tajatörl ist einfach, der Abstieg über den Hohen Gang ist mit Drahtseilen gesichert und für geübte Geher ohne Probleme. Beste Zeit: Anfang Juli bis Anfang Oktober.

Gehzeit Aufstieg 2½–3 Std., Abstieg 3 Std.

Hütten/Almen: Coburger Hütte (1917 m, DAV)

Verlauf: Ehrwalder Alm – Brendlkar – Tajatörl – Coburger Hütte – Seebensee – Hoher Gang – Ehrwald

Varianten: Vom Tajatörl können trittsichere Geher noch einen Abstecher auf den Hinteren Tajakopf (2408 m) unternehmen. Wer den Abstieg über den Hohen Gang scheut, quert vom Seebensee annähernd eben zur Ehrwalder Alm und fährt mit der Gondelbahn zurück ins Tal.

Karten: ÖK 116, Telfs, 1:50 000; FB 352, Ehrwald – Lermoos – Reutte – Tannheimer Tal, 1:50 000

Bahn & Bus: DB München – Garmisch-Partenkirchen, DB Garmisch-Partenkirchen – Ehrwald

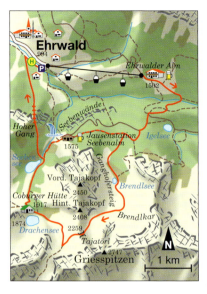

Die Mieminger Berge zwischen Fernpass und Leutasch kennen die meisten Bergsteiger nur als eine Art Dependance des Wettersteinmassivs. Felsige Gipfel, lange Grate, hohe Kare mit viel Geröll – auf den ersten Blick nicht gerade ideales Terrain für Bergwanderer. Aber oft lohnt sich ja ein zweiter Blick – bei den Miemingern in jedem Fall!
Einen kräfteschonenden Zugang vermittelt die moderne Gondelbahn von Ehrwald zur Ehrwalder Alm, mit deren Hilfe wir den Startpunkt unserer Tour um 400 Höhenmeter nach oben verlegen können.

Hier, zwischen dem Wetterstein und den Miemingern, breiten sich saftig grüne Weiden aus, auf denen man noch glückliche Pferde und Kühe antrifft (und speziell im Frühsommer eine üppig blühende Vegetation).
Der erste Wegabschnitt in Richtung Seebensee und Tajatörl ist flach und ideal zum Warmlaufen. Erst beim Wegweiser zum Brendlkar und Tajatörl, unserem Übergang zur Coburger Hütte, wird es ernst. Der Waldgürtel verkleinert nur kurz das Blickfeld, ehe der schmale Steig in Serpentinen vor der Kulisse der Wettersteinsüdwände gleichmäßig in die Höhe zieht. Ganghofersteig heißt der Weg und erinnert an einen der berühmten Ehrwalder Gäste: Ludwig Ganghofer war einst Jagdpächter in diesem Gebiet.
Da sich die Ausflüglerscharen auf den Weg zwischen Bahn und Seebensee konzentrieren, bleibt das Brendlkar mit seinem kleinen See ein einsamer und stiller Winkel. Das letzte Teilstück zum Tajatörl hinauf ist manchmal etwas mühsam, aber das Ende der »Leidensstrecke« immerhin stets absehbar. Gipfelsammler mit strammen Wadln starten am Tajatörl durch und lassen keinesfalls den nahen, 2408 Meter hohen Hinteren Tajakopf aus. Es ist aber keine Schande, den Gipfel rechts liegen zu lassen und gleich von der Scharte jenseits ins Drachenkar und zur Coburger Hütte abzusteigen. Grünstein, Wamperter Schrofen und Ehrwalder Sonnenspitze heißen die bekanntesten Gipfel über dem Kar mit dem Drachensee als kleinem Juwel mittendrin.
Wie auf einem Aussichtshügel thront die 1917 Meter hoch gelegene Coburger Hütte im Zentrum des Drachenkars. Die kleine Unterkunft des Deutschen Alpenvereins ist für viele von der Ehrwalder Alm über den Seebensee ansteigende

Ausflügler Ziel und Umkehrpunkt, für uns nur ein willkommener Halt zum Rasten und Kräftetanken.
Beim Bergab folgt schon bald der nächste landschaftliche Höhepunkt, denn der Seebensee ist ein Bergsee wie aus dem Bilderbuch: ein blauer Farbtupfer, eingebettet in eine grüne Mulde, die auf drei Seiten von Latschenhängen, Schotterkaren und Felsgipfeln eingerahmt wird. Viele Bergfreunde kennen den See als Vordergrund auf Kalenderfotos, weil sich in ihm bei glatter Oberfläche die Zugspitze und das Wettersteinmassiv gar so schön spiegeln. Am bequemsten und knieschonendsten ist natürlich die Querung vom Seebensee auf dem breiten Wanderweg zur Ehrwalder Alm zurück, doch abwechslungsreicher ist der direkte Weg zur Talstation.
Als »Hoher Gang« ist diese Route in den Landkarten eingezeichnet. Die wenigen, kurzen Strecken in felsigem Gelände sind gut mit Drahtseilen abgesichert, wobei man sich am Aussichtsplatz der »Coburger Bank« Zeit für einen Tiefblick in den Ehrwalder Kessel nehmen sollte. Trotz der Sicherungen muss man hier trittsicher sein – und schwindelfrei. Erholen kann man sich von der Steilstufe beim gemütlichen Bummel durch grüne Wiesen zur Talstation bzw. nach Ehrwald.

In einer großartigen Hochgebirgslandschaft bewegt man sich beim Abstieg vom Tajatörl durch das Drachenkar zur Coburger Hütte (rechts). Der steile Felsklotz über dem noch zugefrorenen Drachensee ist der Wamperte Schrofen.

61 Der kühne Daniel
Viel bewundert – immer vergessen

BERGTOUR
2340 m
Mit Kindern ab 12 Jahren
1 Tag

Talort: Ehrwald (994 m),
AP Bahnhof Ehrwald

Charakter: Ausgesprochen stille und schöne Bergwanderung mit souveränen Ausblicken vom Gipfel; am Gipfelgrat Trittsicherheit erforderlich. Beste Zeit: früher Sommer und Herbst.

Gehzeit: Aufstieg 4 Std., Abstieg 2½ Std.

Hütten: Tuftelalm (1496 m, privat)

Verlauf: Bhf. Ehrwald – Tuftelalm – Upsspitze – Daniel

Varianten: Neben den verschiedenen Anstiegsmöglichkeiten zwischen Ehrwald und Lermoos, die sich spätestens oberhalb der Tuftelalm alle vereinigt haben, gibt es noch die Möglichkeit, den Daniel von Lahn über das Hebertaljoch und das Büchsentaljoch zu erreichen, 4 Std.

Karten: BLVA UK L5, Karwendelgebirge – Werdenfelser Land, 1:50 000; ÖK 116, Telfs, 1:50 000; FB 352, Ehrwald – Lermoos – Reutte – Tannheimer Tal, 1:50 000

Bahn & Bus: DB München – Garmisch-Partenkirchen, DB/ÖBB Garmisch-Partenkirchen – Ehrwald

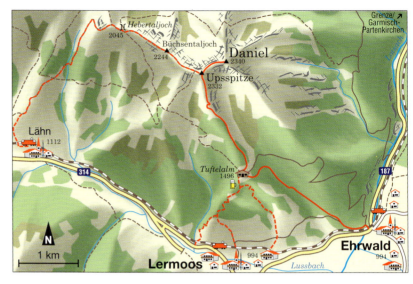

Jeder Münchner Bergfreund sieht ihn immer wieder von Garmisch aus, vom Kreuzeck, vom Wank, vom Waxenstein, und er sagt sich jedesmal: Da musst du einmal hinauf! Allzu faszinierend steht dort im Westen über den Eibseeforsten ein kühnes Felshorn. Dann fährt man entlang der jungen Loisach und ins Ehrwalder Talbecken hinein und kommt irgendwann drauf, dass der kühne Daniel (2340 m) ein Blender ist. Denn von Südwesten ist er nur ein besserer Gras- und Schrofenberg. Und weil so viele interessante und »echte« Berge ringsum stehen und auch das Angebot an Seilbahnen durchaus groß ist, unterzieht sich kaum jemand der Mühe, auf den Daniel hinaufzusteigen. Neu entdeckt haben den Berg in den letzten Jahren konditionsstarke Gleitschirmpiloten. Die Sonne knallt hier mit solcher Intensität auf die Südflanke, dass Könner dieser Sportart in den Thermikbärten wie mit einem unsichtbaren Aufzug gen Himmel fahren.

Natürlich kann es Ihnen passieren, dass Sie unten zusammen mit einem leichtgewichtigen Gleitschirmflieger aufbrechen und sich im Lauf des Aufstiegs ein bisserl Frust und Neid ansammeln. Das alles aber kann sich wieder legen, wenn am Gipfel plötzlich ein zu starkes Lüfterl bläst, der gute Mann – oder die gute Frau – mutig und verantwortungsvoll auf einen riskanten Start verzichtet und schließlich bedauernd feststellt: »Oh mei, jetzt bin i ganz umasonst aufg'stieg'n!« Trösten Sie ihn – oder sie – doch beim Abstieg!

Zum Daniel kann man von mehreren Punkten zwischen Ehrwald und Lermoos starten. Egal, ob wir dem Weg durch den Tobel des Kärlesbachs folgen, durch den Bösen Winkel aufsteigen oder über den Südwestrücken des Kohlbergs, immer geht es durch Wald und Wiesen, freie Almböden und lichten Bergwald. Das ist gut so, denn schließlich steigen wir auf der Sonnenseite an. Alle drei Wege laufen an der Tuftelalm zusammen. Der Südgrat, den man oberhalb der Waldgrenze erreicht, ist interessant, weil etwas ausgesetzt, und endet mit Schrofen. Über die gelangt man – Trittsicherheit vorausgesetzt – ohne Schwierigkeiten zum Gipfel des kühnen Horns.

Der ganze Lohn der Plage sind wieder einmal die Aussicht – und was für eine! – und jenes Gefühl von innerer Ruhe und Zufriedenheit, das sich in der Hektik des Alltags niemals einstellt und auch nicht an einem lauschigen Sommerabend im Biergarten. Jetzt möchte man fliegen können – der Landeplatz im Moosboden wäre groß genug!

Von Norden ein kühnes Horn, gibt sich der Daniel von Süden aus gesehen wesentlich zahmer. Der Anstieg aus dem Talboden führt von links her zum Gipfelgrat. Im Vordergrund Biberwier, dahinter Lermoos, die beide dank einem Tunnel vom Durchgangsverkehr befreit sind.

62 Laber und Ettaler Manndl
Wandern bergab nach Oberammergau

BERGWANDERUNG
1686 m
Mit Kindern ab 8 Jahren
½ Tag

Talort: Oberammergau (837 m), Seilbahn zum Laber (1686 m)

Charakter: Einfache Wanderung zu dem bereits vom Tal aus auffallenden Felszahn des Ettaler Manndl, dessen Besteigung Trittsicherheit und Schwindelfreiheit erfordert. Beste Zeit: Anfang Juni bis Ende Oktober.

Gehzeit: Aufstieg ¾ Std., Abstieg 2 Std.

Hütten/Almen: Laber-Berggaststätte (1683 m, privat)

Verlauf: Laber – Ettaler Manndl – Soilesee – Bärenbadflecken – Oberammergau

Karte: BLVA UK L3, Pfaffenwinkel, Staffelsee und Umgebung, 1:50 000

Bahn & Bus: DB München – Murnau – Oberammergau oder DB München – Oberau, Bus Oberau – Oberammergau

Der Laber (1686 m), hoch über Oberammergau, ist ein Berg, der vielen etwas bietet: Im Winter stürzen sich die Könner unter den Skifahrern den steilen Nordhang hinunter, im Sommer kreisen bei guter Thermik Paraglider und Drachenflieger in Schwärmen um den Gipfel, Wanderer kommen auf ihre Kosten, und wer nur das Panorama bewundern möchte, kann mit der Laberbergbahn ohne große Mühen bis zum Gipfel fahren. Damit sei keineswegs zum Ausdruck gebracht, dass alle, die die Bahn benützen, die Verachtung des aktiven Bergwanderers treffen soll. Denn auch die hier vorgeschlagene Wanderung beginnt auf dem Gipfel des Labers.

Die Wegebauer haben am Laber beste Arbeit geleistet, so dass wir von der Sonnenterasse vor der Bergstation relativ komfortabel die ersten Meter hintersteigen. Erst im Steilhang, dann auf einem harmlosen Grat, geht es zwischen Felstürmen einfach, aber anregend hinüber zum Ettaler Manndl, einem kühnen Felsturm über lichten Alm- und Waldböden. Auf sicherem Weg, vorbei an senkrechten, zum Teil sogar überhängenden, kompakten Kalkwänden, kommen wir zu der Stelle, an der der Felsaufbau eine Besteigung des 1633 Meter hohen Felszackens zulässt. In leichter Kletterei, die allerdings etwas Erfahrung voraussetzt und auch durch die Sicherung mit Ketten nicht unterschätzt werden soll, erreichen wir das Gipfelkreuz. Von dort sieht man hinüber zu einem zweiten Felsturm, dem Ettaler Weibl, und freut sich darüber, dass man in Bayern auch einem Felszacken keine Einsamkeit zumutet.

Tief unterhalb glitzert das blaue Auge des Soilesees, der in einem wunderschönen Kessel unter den Felsabstürzen liegt. Ein leichter Pfad über Wiesenhänge führt vom Ettaler Mandl hinunter zum See und, obwohl bis jetzt eigentlich noch nicht sehr viel geleistet wurde, darf man hier ohne alle Gewissensbisse rasten – und »Hirn und Seele lüften«, wie es so schön heißt. Über bucklige Almwiesen und durch Waldflecken gelangen wir weiter unten zur Forststraße, die vom Bärenbadflecken zurück zur Talstation führt.

Dieser Abstieg vom Laber ist eine Wanderung, die andere aus grundsätzlichen Erwägungen – Leistungsprinzip! – nur in der Gegenrichtung unternehmen, was ja vollkommen in Ordnung ist. Aber der »Homo alpinus« kennt Gott sei Dank auch den Typ des Genießers, der es versteht, trotz der Hektik unserer schnelllebigen Zeit seine innere Ruhe zu bewahren. Der ist glücklich und zufrieden, wenn er vom Laber nach Oberammergau hinunterschaut, ins Murnauer Moos, zum Karree des Ettaler Klosters, hinüber zum Kofel und zur Notkarspitze und weiter bis zum Wetterstein mit Zugspitze und Alpspitze.

Wer in seiner Tourenplanung keine Rücksicht auf einen geparkten Wagen nehmen muss, kann vom Ettaler Manndl auch direkt nach Süden absteigen und zum Schluss im Kloster Ettal in der großartigen Kirche den Geist und anschließend in der Wirtschaft den müden Körper laben.

Das Ettaler Manndl bildet zweifellos den auffallendsten Zahn inmitten der vielen Kalkzacken, die aus dem grünen Seitenkamm des Laber ragen. Dass auch im Zeitalter der Emanzipation der Frau kein Mensch vom Weibl spricht, das sich eng ans Manndl schmiegt, das verstehe, wer mag.

63 Die Notkarspitze über Ettal
Stille Insel zwischen Loisach und Ammer

BERGWANDERUNG
1889 m
Mit Kindern ab 12 Jahren
1 Tag

Talort: Ettal (877 m), AP Ettaler Mühle (854 m); EP Ettaler Sattel (880 m)

Charakter: Reizvolle Bergwanderung für geübte und trittsichere Wanderer. Auf den oft nur schmalen Wegen im Schrofengelände ist immer eine gewisse Vorsicht geboten. Beste Zeit: Ende Juni bis Ende Oktober.

Gehzeit: Aufstieg 3 Std., Abstieg 2 Std.

Hütten: keine

Verlauf: Ettaler Mühle – Notkar – Notkarspitze – Ziegelspitze – Ochsensitz – Ettaler Sattel

Variante: Abstieg zum Sattel vor dem Brünstelskopf, dann links durch das Gießenbachtal zum Ettaler Sattel, 2 Std.

Karte: BLVA UK L5, Karwendelgebirge – Werdenfelser Land, 1:50000

Bahn & Bus: DB München – Murnau – Oberammergau oder DB München – Oberau, Bus Oberau – Ettaler Mühle bzw. Bus Oberammergau – Am Berg (Ettal)

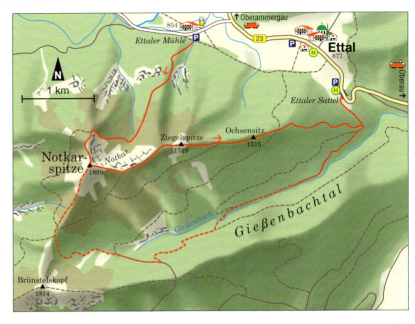

Die Gegend um Oberammergau und Ettal hat längst ihre Unschuld verloren, trotz – oder wegen? – Passionsspiel und Kloster. Sommer wie Winter drängt der Touristenstrom durch Tal und Ortschaft, nicht ohne Verhalten und Denken der Bevölkerung in entsprechender Weise zu beeinflussen. Zugegeben, auch wir Münchner Bergwanderer kommen immer wieder hierher und vergrößern damit das Heer der Touristen.
Die Notkarspitze (1889 m), ein langgezogener Waldrücken mit schrofigem Gipfelaufbau, liefert Beweismaterial: Wenn das Wetteramt einen schönen, klaren Samstag oder Sonntag ankündigt, hat man schon frühmorgens Mühe, sein Auto am Ausgangspunkt der Tour an der Ettaler Mühle zu parken. In Erwartung vieler Gleichgesinnter tauchen wir in den kühlen Wald hinein und stellen überrascht fest, dass wir uns keineswegs in eine ununterbrochene Kolonne einzureihen haben: Die Leut' verteilen sich eben doch!
Von der Mühle rechts (westlich) des Schluchtgrabens aufwärts gewinnt der Steig schnell an Höhe, bis er fast waagrecht ins Notkar hineinquert (stellenweise unangenehm »bazig«). In diesem großartigen Karrund stehen wir direkt vor dem Schrofengipfel der Notkarspitze. Unter dem Felsaufbau steigen wir rechts hinauf zum Nordgrat und haben den anstrengenden Teil der Tour hinter uns. Durch Latschen und über Schrofen geht es die letzten 150 Höhenmeter zum Gipfel hinauf.
War die Notkarspitze früher auch bei Bilderbuchwetter immer eine stille Insel, so können sich heute im Gipfelbereich schon einmal an die hundert Leute versammeln. Friedlich bleibt es dennoch. Auch in der Blickrichtung herrscht weitgehend Einigkeit, denn fast alle schauen gebannt hinüber zum Wettersteinmassiv: ganz rechts als höchster Punkt die Zugspitze, dann die gesamte Länge des Jubiläumsgrats über die Höllentalspitzen, das auffallende Dreieck der Alpspitze. Der Hochwanner taucht dahinter auf, und man könnte meinen, er bilde die Fortsetzung des vorderen Strangs des Wettersteins.
Der lohnendste Abstieg führt von der Notkarspitze nach Osten. Dabei werden die Ziegelspitze und der Ochsensitz überschritten; die Gegenanstiege verdienen allerdings kaum den Namen, bevor es endgültig hinuntergeht zum Parkplatz am Ettaler Sattel. Dort wird man vom Rummel wieder eingeholt, aber man beginnt zu verstehen, dass man den egoistischen Drang zum Alleinsein am Berg schleunigst vergessen und auch seinen Mitwanderern die »Fluchtmöglichkeit« Notkarspitze gönnen muss.

Schattige Nordflanke und sonnigen Südhang trennt der lange Grat, der vom Gipfel der Notkarspitze in Richtung Loisachtal hinunterzieht.

64 Die Ammergauer Hochplatte
Wanderfleck – Beinlandl – Schlössl – Wilder Freithof – Gamsangerl

BERGTOUR
2082 m
Mit Kindern ab 12 Jahren
1 oder 2 Tage

Talort: Halblech (825 m), Pendelbus zur Kenzenhütte

Charakter: Außerordentlich abwechslungsreiche Bergwanderung in stillem Naturschutzgebiet, Trittsicherheit erforderlich. Beste Zeit: Juli bis Oktober.

Gehzeit: Aufstieg 3 Std., Abstieg 1½ Std.

Hütten/Almen: Kenzenhütte (1294 m, privat, ÜN)

Verlauf: Kenzenhütte – Kenzensattel – Fensterl – Hochplatte – Weitalpjoch – Kenzenhütte

Variante: Wer von Osten aus dem Graswangtal ansteigt, wandert auf den Spuren der winterlichen Skibergsteiger. Durch das Säger- und Lösertal erreicht man das Lösertaljoch, um nach einem kurzen Abstieg auf den Weg von der Kenzenhütte zu treffen.

Karte: BLVA UK L10, Füssen und Umgebung, 1:50000

Bahn & Bus: extrem zeitaufwändig und nicht empfehlenswert

Die Hochplatte, mit 2082 Meter höchster Gipfel der Ammergauer Berge nördlich von Graswangtal und Ammerwald, schaut aus dem Alpenvorland nicht gerade überwältigend aus. Zwischen Flachland und Bergsockel breiten sich riesige Forste aus, Waldbuckel, Waldgräben, versteckte Bergbäche, zerfurchte Flanken und der Wankerfleck, ein wunderschöner flacher Wiesenboden dicht unter der Nordwand des Geiselsteins. Man hat die Wahl: entweder den Bus von Halblech zur Kenzenhütte benützen und die abwechslungsreiche Rundtour in einem Tag wandern, oder in gut 2½ Stunden von Halblech über den Wankerfleck zur Hütte wandern. Dann sollte man einen gemütlichen zweiten Tag einplanen, vor allem, wenn Kinder dabei sind.

Auf geht's! Das erste Etappenziel von der Hütte aus ist der Kenzensattel, eine ¾ Stunde zum Warmlaufen. Zwischen den Nordabstürzen der Hochplatte und der Felsrippe des Kenzenkopfs (1745 m) zieht der Steig hinauf zum grasigen Sattel, um auf der anderen Seite wieder bergab zu führen. Doch keine Angst, der Verlust an Höhe ist kaum der Rede wert. Schnurgerade laufen wir in den weiten Karkessel zwischen Hochplatte und Gumpenkarspitze hinein, wo gewaltige Felsbrocken, Reste eines Bergsturzes, liegen und das Gelände etwas unübersichtlich wird. Vom Kessel schaut man hinauf zum Fensterl, einem großen Loch im Grat zwischen Krähe und Hochplatte. Von hier aus ist auch der auffällig plattige Felsaufbau der Hochplatte besonders schön zu sehen – ein Beweis, dass der Berg seinen Namen zu Recht trägt. Den Ammergauer Kletterberg, den Geiselstein, im Rücken, steigen wir gemächlich hinauf zum Fensterl und dürfen uns oben freuen, dass der Gipfel nicht mehr weit ist. Ein langer Gratrücken, schneidig hoch über dem Abgrund, dann haben wir den höchsten Punkt erreicht.

Die Stationen unseres Abstiegs zur Kenzenhütte sind passionierten Skitourengehern bestens vertraut: Gamsangerl, der kurze, ausgesetzte und gesicherte Grat, Beinlandl, das Karrenfeld um das Schlössl – man kennt sich aus. Das ist das schöne: Diese Tour wird nie langweilig. Und man trifft dort fast nur nette Leute, denn den Preis von 4–6 Stunden stillen Wanderns zahlen nur diese. Wenn man nach 1½ Stunden Abstieg die Kenzenhütte wieder erreicht hat und sich für das Geleistete und Erlebte belohnt, hat sich längst ein sattes Gefühl der Zufriedenheit eingestellt.

Man kann auch andere Wege gehen: von Westen, vom Parkplatz kurz hinter der ehemaligen deutschen Grenzstation im Ammertal, durchs Säger- und Lösertal; oder vom wohl versteckten Wirtshaus Bleckenau (1167 m, 1½ Std. oberhalb Schloss Neuschwanstein) über das Jägerhüttl und das Fensterl (gut 3 Std.). Dann darf man sich auch für die Hochplatte ruhig 2 Tage Zeit lassen.

Die Ammergauer Hochplatte, von Osten aus dem Flugzeug gesehen. Im Vordergrund das Schlössl, vor dem scharfen Gipfelgrat die Mulde des Gamsangerl. Die Felsgipfel links des Gipfels gehören zu den Tannheimer Bergen, am Horizont links überragt der Hochvogel die Nachbarschaft.

65 Die Klammspitze über Linderhof
Ammergauer Höhensteig im Naturschutzgebiet

BERGWANDERUNG
1924 m
Mit Kindern ab 12 Jahren
2 Tage

Talort: Oberammergau (837m); Linderhof (943 m)

Charakter: Ungewöhnlich reizvolle Bergwanderung im Naturschutzgebiet, für trittsichere Bergwanderer ohne Schwierigkeiten. Beste Zeit: Mitte Juni bis Ende Oktober.

Gehzeit: 9–11 Std. insgesamt

Hütten/Almen: Pürschlinghaus (1564 m, DAV), Brunnenkopfhaus (1602 m, DAV)

Verlauf: Oberammergau – Kolbenalm – Sonnenberg – Pürschlinghaus – Teufelstättkopf – Hennenkopf – Brunnenkopfhaus – Klammspitze – Brunnenkopfhaus – Linderhof

Variante: Ein schöner Anstieg führt von Linderhof auf das Pürschlinghaus, so dass man diese Tour auch als Rundwanderung durchführen kann.

Karte: BLVA UK L5, Karwendelgebirge – Werdenfelser Land, 1:50000

Bahn & Bus: DB München – Murnau – Oberammergau oder München – Oberau, Bus Oberau – Oberammergau, Bus Oberammergau – Linderhof

Fast 15 Kilometer lang ist der Ost-West-Kamm des Ammergebirges, und ziemlich genau 10 Kilometer Luftlinie sind es vom Ausgangspunkt Oberammergau bis zur höchsten Erhebung der Bergkette, der Großen Klammspitze (1924 m).
Wie gut, dass auf dem langen Weg dorthin – für Eilige gibt es natürlich auch eine kurze Direttissima – zwei »grüabige« Hütten stehen, in denen man übernachten kann. Den Skifahrern haben es die Bergwanderer vor allem zu verdanken, wenn sie das erste Stück des Anstiegs von Oberammergau zum Waldsattel unterm Zahn ganz mühelos im Sessellift zurücklegen können – wenn man's mag. Am Zahn (1611 m), wo man die Grathöhe erreicht, sind dann die Fußgänger unter sich. Wer zum Pürschling will, hat nun gar keine andere Wahl, als stets in leichtem Auf und Ab dem scharfen Kamm zu folgen. Man hat also immer den Blick ins Graswangtal hinunter und hinüber zum Zugspitzklotz.

Am Pürschlinghaus – es heißt offiziell »August-Schuster-Haus am Pürschling«, benannt nach dem Gründer des großen Münchner Sporthauses – ist eine Entscheidung fällig: Je nach Kondition oder Uhrzeit kann man hier sein Tagespensum schon als erfüllt ansehen und sich bei den Wirtsleuten zum Übernachten anmelden. Wer allerdings noch genügend »Dampf« und Zeit hat, der nimmt gleich die nächste Etappe in Angriff. Die schönere Variante folgt erneut der Kammhöhe, dabei Teufelstättkopf, Laubeneck und Hennenkopf passierend; die kürzere quert ohne viel Auf und Ab direkt in Richtung Brunnenkopfhaus (1602 m).

Die Lage des einst königlichen Jagdhauses lässt unschwer ahnen, warum sich Bayerns Märchenkönig – der alles andere als ein passionierter Waidmann war – ein paarmal hierher zurückzog. Ein Erlass, eingerahmt in der Hüttenstube zu besichtigen, beweist im Übrigen, dass Majestät hier sogar »gearbeitet« hat.
Was Majestät am Brunnenkopf zu speisen pflegte, ist nicht überliefert; die Bergwanderer von heute können hier ihren Durst löschen und ihren Hunger stillen. Junge Wirtsleute mit Oberreintalerfahrung pflegen auf sympathische Weise die Tradition des »einfachen Lebens« in der Höhe.

Ob von hier oder vom Pürschlinghaus, am nächsten Morgen lockt die Klammspitze, ein echter bayrischer Vorgebirgsgipfel. Ein paar Meter Fels setzen dem insgesamt gemütlichen Berg eine alpine Krone auf.

Trittsichere Bergwanderer werden an der Kraxelei am Gipfelaufbau größten Spaß haben, und wenn der Fels trocken ist, birgt auch der kurze Abschnitt im Schrofengelände keinerlei Gefahren. Zweibeiner verwandeln sich hier halt für Augenblicke in Vierbeiner.

Nur rund 1000 Höhenmeter über dem Schloss Linderhof sitzt man am Gipfel – und doch Welten entfernt von Parkplatzproblemen, Warteschlangen und Besuchergruppen, die sich durch das kleine Schloss schieben. Da oben genießt das »gemeine Bergwandervolk« eine »königliche Ruah«.

Ammergauer Kontraste vereinigt dieses Luftbild: Vorne sind die Brunnenkopfhäuser zu sehen, romantisch auf einem grünen Sporn gelegen; dahinter baut sich schroff die Klammspitze auf. Im Hintergrund sind Krähe und Gabelschrofen zu erkennen.

66 Die Kreuzspitze über dem Lindergrieß
Alpine Oase hinterm Graswangtal

BERGTOUR
2185 m
Mit Kindern ab 14 Jahren
1 Tag

Talort: Linderhof (943 m), AP Brücke über den Fischbach (»Bei den sieben Quellen«, Staatsgrenze, 1082 m)

Charakter: Ideale Bergtour für trittsichere Bergwanderer auf einen markanten Aussichtsgipfel. Keine besonderen Schwierigkeiten. Beste Zeit: Anfang Juli bis Mitte Oktober.

Gehzeit: Aufstieg 3 Std., Abstieg 1½ Std.

Hütten: keine

Verlauf: Brücke über den Fischbach – Hochgrießkar – Schwarzenköpfl – Kreuzspitze

Variante: Etwas schwieriger im Gipfelbereich ist der Anstieg durch das ins Elmautal mündende Kuchelbachtal, 4 Std.

Karte: BLVA UK L5, Karwendelgebirge – Werdenfelser Land, 1 : 50 000

Bahn & Bus: nur bis Linderhof (s. Tour 65)

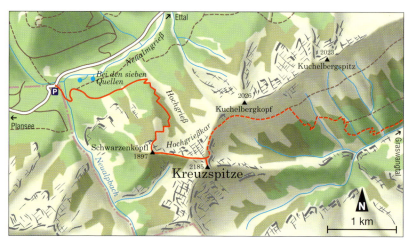

Die Oberammergauer – allesamt Marketingspezialisten des Tourismus und mit einem schier unerschöpflichen Einfallsreichtum gesegnet, zahlende Gäste in die Gegend zu locken – reagieren auffallend zurückhaltend, wenn es um Berg- oder Skitouren in den Ammergauer Alpen geht. Beim Nachhaken stellt sich allerdings schnell heraus, dass die Geheimniskrämerei sich vor allem auf die kalte Jahreszeit bezieht. Da schicken die Freunde den Ahnungslosen dann auf den Scheinberg, seitdem sie dort große Tafeln aufgestellt und damit das »Problem« der Skitourengeher in den Griff bekommen haben. Sie selbst gehen viel lieber auf die Kreuzspitze (2185 m), den höchsten Berg der Ammergauer Alpen und eine eifersüchtig gehütete Traumskitour für den, der es steil mag.

Und im Sommer? Da wird es schwierig, einen passionsspielberechtigten Oberammergauer zu finden, der die Kreuzspitze in der schneefreien Zeit für besteigungswürdig empfindet. Deshalb sei ausnahmsweise von Münchner Seite dieser »Geheimtipp« an die Oberammergauer verraten …

Direkt an der Staatsgrenze, bei den sieben Quellen, zweigt der Steig zur Kreuzspitze von der Straße ab. Nur wenige Schritte folgt man dem breiten, zwischen Kreuzspitze und Geierköpfen eingeklemmten Kiesstrom des Neualpbachs, bevor der Weg nach links zieht und durch Wald leicht ansteigend in das Hochgrießkar führt.

Jetzt sollten wir allmählich die richtige »Betriebstemperatur« erreicht haben, denn die Schonfrist ist vorbei: In ungezählten Serpentinen geht es steil und stetig in die Höhe, und nach gut 2 Stunden verschnaufen wir auf dem Schwarzenköpfl, einem runden Vorgipfel. Der ist im Winter meist das Ziel jener Skitourengeher, die es nicht erwarten können, ihre Schwünge in den Pulver des Steilkars zu zeichnen.

Der Weiterweg zum Gipfel führt nun in östlicher Richtung über einen Gratrücken, links die Felsabbrüche in das Hochgrießkar, rechts steile Rasen und Latschenhänge, bis man durch leichte Felspassagen auf den Grat zum Gipfelkreuz kommt.

Oben steht die gewaltige Zugspitzmauer dicht gegenüber. Natürlich begreift man spätestens bei der Gipfelrast, warum die Oberammergauer sich so wortkarg geben, wenn's um ihr Ammergebirg' geht. Denn dass sie den Marktwert ihrer Berge längst erkannt haben, ist so sicher wie der Dorfstreit vor den nächsten Passionsspielen …

Während des Abstiegs hat man dann Zeit, sich zu überlegen, ob man auf dem Heimweg noch mit der letzten Führung durchs Gipsschloss vom armen Ludwig geht, ob man stumm Zeillers Deckengemälde in der Kuppel der Ettaler Klosterkirche bewundert oder gleich den Fischerwirt in Graswang bzw. dessen Speisenkarte »besichtigt« – je nachdem, nach welcher Art von Kultur einem der Sinn steht … Schnelle Geher haben Zeit für alle drei Punkte!

Eine schier endlose Schuttreiße unter dem felsigen Gipfelaufbau kennzeichnet die Nordflanke der Kreuzspitze. Der Sommerweg gelangt parallel zum Schuttstrom zum Hochgrießkar und zieht über den Schrofengrat zum Gipfel.

67 Vom Wankerfleck zum Geiselstein
Die Welt über dem Gumpenkar

KLETTERTOUR
1884 m
Mit Kindern ab 14 Jahren
1 Tag

Talort: Halblech (625 m, Pendelbus zur Kenzenhütte), AP Jägerswald (1148 m)

Charakter: Einfache Bergwanderung für trittsichere Geher bis zum Geiselsteinjoch (1729 m); ab hier nur für Kletterer! Der leichteste Weg führt durch eine Rinne in der Westwand (II, stark abgeklettertet Fels), alle anderen Führen sind bedeutend schwerer. Beste Zeit: Anfang Juni bis Ende Oktober.

Gehzeit: Aufstieg 2 Std., Abstieg 2 Std.

Hütten/Almen: Kenzenhütte (1294 m, privat, ÜN)

Verlauf: Jägerswald – Wankerfleck – Geiselstein – Kenzensattel – Kenzenhütte

Karte: BLVA UK L10, Füssen und Umgebung, 1:50 000

Bahn & Bus: extrem zeitaufwändig und nicht empfehlenswert

Die Ammergauer Alpen, zum Naturschutzgebiet erhoben, sind immer noch ein wunderbar stilles Bergwanderrevier. Die Fremdenverkehrsorte und die König-Ludwig-Attraktionen ringsumher können dem wenig anhaben, denn mit Erschließungsprojekten geht hier schon lange nichts mehr. Am schönsten ist es im Zentrum dieser Bilderbuchvorberge, zum Beispiel am Wankerfleck zwischen Halblech und Hochplatte: Da ragt jäh aus walddunklen Kuppen über einem brettebenen Wiesenboden ein wirklich »steiler Zahn« auf – der Geiselstein (1884 m). Diese herrliche Kalksäule wäre anderswo Stein unter Steinen, aber hier erhöht das harmonische Waldgrün die schroffe Felsspitze zu einem erregenden Naturschauspiel. Sogar die Einheimischen sind von diesem Anblick so ergriffen, dass sie ihren Geiselstein gern auch als »Matterhorn der Ammergauer Alpen« bezeichnen – einfach zum Schmunzeln!

Der Wankerfleck ist das letzte Stück ebener Boden auf dieser Tour. Gleich dahinter beginnt der Weg anzusteigen, wird steiler, führt um die Nordseite des Geiselsteins herum bis zum Einschnitt zwischen Gumpenkarspitze und Geiselstein. Das war der gemütliche Teil, auf dem kein Wanderer Probleme hat; auf dem letzten Stück zum Gipfel aber wird's aufregend, denn jetzt muss man kraxeln!

Die Kletterei ist mäßig schwierig (II), aber das sollte niemanden dazu verführen, das Gelände zu unter- und sich selbst zu überschätzen. Die Euphorie, endlich Hand an den Fels legen zu können, wird schnell gedämpft, wenn man feststellt, wie glatt Griffe und Tritte an manchen Stellen sind.

Deshalb: Wer sich nicht absolut sicher fühlt, wem Klettererfahrung fehlt, verliert auf keinen Fall sein Gesicht – und vor allem nicht sein Leben oder zumindest seine Gesundheit, wenn er sich selbst am Normalweg in das Seil eines erfahrenen Freundes einbindet.

Für den Wanderer sollte die einfachste Kletterei zum Gipfel genug sein. Für die Bergsteiger schärferer Richtung dagegen reicht die Palette der Klettertouren vom dritten Schwierigkeitsgrad aufwärts bis hin zu modernen Sportkletterrouten.

Nach dem leichten Gruseln in der Gipfelrinne haben wir auf dem Weg zur Kenzenhütte Zeit und Muße genug, die aufgewühlten Nerven zu beruhigen und die Sicherheit des Steigs zu genießen. Die paar Höhenmeter Gegenanstieg zum Kenzensattel hinauf sind kein Problem, und dann geht's nur noch bergab. Zwischen Hochplatte und Kenzenkopf wandern wir hinunter zu den munter sprudelnden Quellen eines Bachs. Soll man dort das köstliche Quellwasser probieren oder vielleicht doch seinen Durst aufheben für eine kühle Radlermaß in der nahen Kenzenhütte? Eine schwere Entscheidung!

Zwischen flachem Alpenvorland und gemütlichen Vorgebirgsgipfeln zieht das kühne Felshorn des Geiselsteins die Blicke auf sich. Wanderer können auf einem Steig das »Matterhorn der Ammergauer« umrunden; der Gipfel selbst bleibt Kletterern vorbehalten. Im Gipfelpuzzle sind nach links der Gabelschrofen, nach rechts anschließend Hoher Straußberg und Säuling zu erkennen sowie am Horizont links der Hochvogel, rechts die Tannheimer Klettergipfel.

68 Der Säuling
Hoch über Schloss Neuschwanstein

BERGTOUR
2047 m
Mit Kindern ab 8 Jahren
1 Tag

Talort: Hohenschwangau (805 m), AP Ghs. Bleckenau, Bus von Hohenschwangau (Busverbindung in die Bleckenau 9.15, 11.15 Uhr und bei Bedarf, Tel. 0 83 62/8 11 81)

Charakter: Abwechslungsreiche Bergtour mit kurzen alpinen Akzenten; vor allem beim steilen Abstieg zum Säulinghaus ist Trittsicherheit erforderlich, einzelne Sicherungen. Vorsicht bei Nässe! Beste Zeit: Mitte Juni bis Ende Oktober.

Gehzeit: Aufstieg 3–3½ Std., Abstieg 2½–3 Std.

Hütten/Almen: Ghs. Bleckenau (1160 m, privat, ÜN); Säulinghaus (1694 m, TVN)

Verlauf: Ghs. Bleckenau – Säuling – Säulinghaus – Wildsulzhaus – Schloss Neuschwanstein – Pöllatschlucht – Hohenschwangau

Karte: BLVA UK L10, Füssen und Umgebung, 1:50 000

Bahn & Bus: extrem zeitaufwändig und nicht empfehlenswert

Münchner trifft man in den Ammergauer Bergen nur im Osten, wo sie auf der Autobahn direkt heranbrausen können; die Landstraßen, die über Weilheim und Peiting oder von der Autobahn her über Murnau, Saulgrub und Steingaden ins Ostallgäu führen, mögen sie nicht. Trotzdem kommen dort genügend Menschen hin, thront doch über dem Schwangau einer der ganz großen Touristenmagneten Bayerns – Schloss Neuschwanstein. Mehr als eine Million Besucher pilgern jedes Jahr zum berühmtesten Souvenir, das uns der schwermütige Märchenkönig hinterlassen hat; es soll angeblich schon vorgekommen sein, dass Gäste meinten, sie stünden hier vor der Kopie der Ausgabe von Disneyworld! Nein, das kann nicht sein, denn zum Original gehört die unverwechselbare, romantische Gebirgskulisse. Und in der wiederum ist der stolzeste Gipfel zweifellos der Säuling, der das großartige Schwangauensemble mit dem St.-Koloman-Kircherl und den beiden Königsschlössern um 1100 Meter überragt.

Auf den Säuling ist der König nie gekommen, aber in der Bleckenau, beim zu seiner Zeit königlichen Jagdhaus, das ein paar Kilometer hinter dem Schloss im Pöllattal liegt, war er schon. Heute ist's ein gemütliches Berggasthaus, mit einem Pendelbus erreichbar und Ausgangspunkt für unseren Säulinganstieg. Wer den Wirt in der Bleckenau nach den besonderen Qualitäten des Säulings fragt, wird seine Erwartungen nicht besonders hoch stecken. Schwitzen wird er halt müssen! Aber sonst? Die Sensation steht ja unten, am Fuß des Bergs …

Dennoch hat der Aufstieg auf den Säuling seinen Reiz, vorausgesetzt, man ist bereit oder fähig, etwa im Bergwald, in den der schmale Pfad bald hineinschlüpft, mehr als nur Bäume am steilen Hang zu sehen. Nach gut einer ½ Stunde Aufstieg verlässt der gut markierte Weg den Schatten des Walds und quert ein Stück am felsigen Sockel des Säulings entlang. Bald entdecken wir unten das Schloss aus der ungewohnten Perspektive von oben.

Unüberwindbare Hindernisse stellen sich uns am Säuling nicht in den Weg. Voraussetzung ist allerdings, dass wir trittsicher und schwindelfrei sind. Teilweise führt der Weg durch Schrofengelände, also durch leichten Fels; allerdings sind alle diese Passagen mit Drahtseilen gut abgesichert. Ganz plötzlich weitet sich das Blickfeld, wir können tief hinunter ins Talbecken von Reutte und weit in die Berge hineinblicken, wenn wir den flachen Sattel beim Vorgipfel über einen letzten Aufschwung den stolzen Gipfel erreichen (siehe Foto).

Rekordverdächtig ist der Säuling mit seinen 2047 Metern nicht, aber die Aussicht kann sich sozusagen sehen lassen – vor allem die ins Gebirg': zur breiten Mauer des Zugspitzmassivs etwa, ins Tal hinunter, wo sich der Lech aus dem Gebirge windet, und zu den Gipfeln der Lechtaler und Allgäuer Alpen; bei klarem Wetter ist in der Ferne sogar die Wildspitze zu erkennen. Hinunter geht's auf einem Umweg über österreichischen Boden, weil dort das nächste Zwischenziel nicht weit entfernt ist und auf Erfrischung hoffen lässt: das Säulinghaus. Der Weg zu den Biertischen führt hier über eine steile, aber ebenfalls gut gesicherte Steilstufe.

Nach der wohlverdienten Rast geht es dann noch nicht endgültig bergab, denn bei der Umrundung des Pilgerschrofens testen zwei kurze Gegenanstiege erneut die Kondition. Zum Finale gibt's noch ein berühmtes Stück aus der romantischen Neuschwansteinkulisse: die wilde Pöllatschlucht, durch die der schönste Weg nach Hohenschwangau zurückführt.

Der Gipfelaufbau des Säulings mit steil abbrechenden Felsflanken macht durchaus Eindruck – dennoch gelangen auch trittsichere Wanderer problemlos auf diesen Berg. Den Hintergrund beherrscht auf diesem Luftbild das mächtige Zugspitzmassiv. Im rechten unteren Bildeck sind Dach und Rahmen des Säulinghauses auszumachen.

Unterwegs in den Bergen

Da schau her!

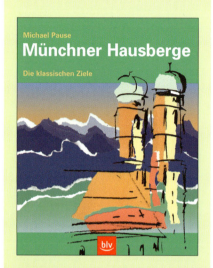

Münchner Hausberge jetzt auch als Video-Kassette!

Begleiten Sie unseren Autor Michael Pause auf die Münchner Hausberge. Auf zwei Videos stellt er Ihnen jeweils zehn erlebnisreiche Touren **zwischen Inn und Isar** sowie **zwischen Isarwinkel und Zugspitze** vor.

Informationen erhalten Sie bei:
visaMonti
Gansbergstraße 1
83629 Weyarn
Telefon 0 80 20 / 72 27
Telefax 0 80 20 / 15 64
www.visamonti.de

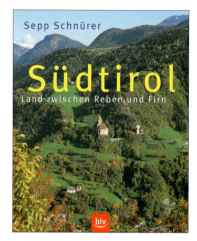

Sepp Schnürer
Südtirol
Top-Information für alle Freunde des Landes jenseits von Brenner und Reschenpass: einzigartiger Bildband mit großformatigen Farbfotos und Informationen zu allen landschaftlichen, geschichtlichen und kulturellen Aspekten Südtirols.

Karl Schrag
**Alpin-Lehrplan Band 1:
Bergwandern – Trekking**
Bewegungs- und Sicherungstechniken beim Bergwandern, Orientierung, Ausrüstung, Planung und Vorbereitung von Wanderungen, alpine Taktik, Bergwandern in Gruppen, Erste Hilfe, Wetterkunde, Trekking, Umwelt- und Naturschutz.

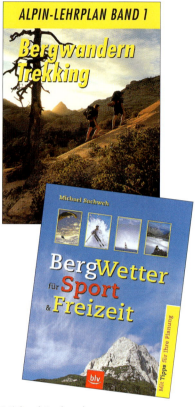

Michael Sachweh
Bergwetter für Sport und Freizeit
Alles über Wetter und Klima der Gebirgsregionen – Schwerpunkt Alpenraum – speziell für Wanderer, Bergsteiger, Kletterer, Mountainbiker, Skifahrer und Snowboarder, Segel- und Drachenflieger, Paraglider, Ballonfahrer, Segler und Surfer.

Im BLV Verlag finden Sie Bücher zu den Themen: Garten und Zimmerpflanzen • Natur • Heimtiere • Jagd und Angeln • Pferde und Reiten • Sport und Fitness • Wandern und Alpinismus • Essen und Trinken

Ausführliche Informationen erhalten Sie bei:

BLV Verlagsgesellschaft mbH
Postfach 40 03 20 • 80703 München
Tel. 0 89 / 127 05-0 • Fax -543 • http://www.blv.de

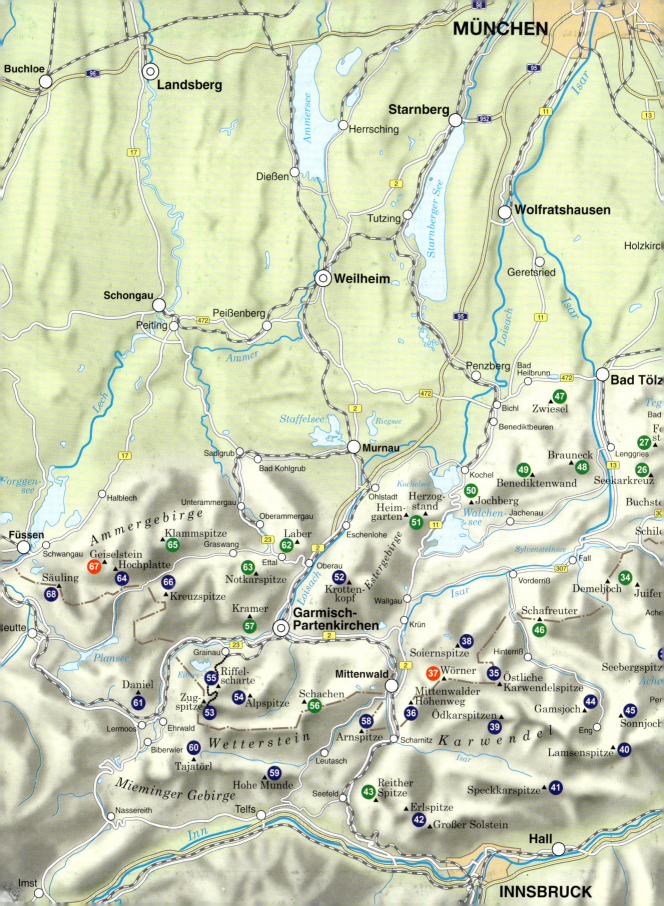